고용노동부
직업상담원

최단기문제풀이

무기계약직전임상담원

직업상담학

고용노동부
직업상담원
최단기문제풀이
직업상담학

초판 인쇄   2022년 3월 16일
초판 발행   2022년 3월 18일

편 저 자 | 공무원시험연구소
발 행 처 | ㈜서원각
등록번호 | 1999-1A-107호
주   소 | 경기도 고양시 일산서구 덕산로 88-45(가좌동)
교재주문 | 031-923-2051
팩   스 | 031-923-3815
교재문의 | 카카오톡 플러스 친구[서원각]
영상문의 | 070-4233-2505
홈페이지 | www.goseowon.com
책임편집 | 정상민
디 자 인 | 이규희

고용노동부에서는 지방고용노동청 및 지청의 고용센터에서 근무하게 될 "직업상담원"을 채용하고 있다. 직업상담원은 채용된 지방고용노동관서의 고용센터에서 구인·구직의 상담 및 직업소개에 관한 업무 등을 담당하게 된다. 하루 8시간 근무에 4대 보험이 적용되기 때문에 단기간 근로를 원하는 근로자 및 주부들의 관심이 클 것으로 예상된다.

이에 따라 수험서 전문 출판사인 ㈜서원각에서는 오랜 교재개발에 따른 노하우와 탁월한 적중률을 바탕으로 직업상담원으로 근무를 희망하는 지원자들이 단기간에 합격의 길로 다가설 수 있도록 본 교재를 출간하게 되었다.

본서는 직업상담원 필기시험 3과목 중 "직업상담학"에 대한 문제집으로, 직업상담학 과목을 체계적으로 편장을 구분한 뒤 기출문제분석을 통해 엄선된 출제 가능성이 높은 예상문제들을 수록하였다. 또한 매 문제마다 상세한 해설과 보충설명을 수록하여 학습 능률을 높였다

신념을 가지고 도전하는 사람은 반드시 그 꿈을 이룰 수 있다. 본서와 함께하는 이 도전이 합격이라는 열매를 맺을 수 있기를 바란다.

Information

〈고용노동부 직업상담원 공개모집 안내〉

✔ 2022년 채용기준

▌응시자격

구분	주요 내용
학력 및 전공	• 학력 및 전공 무관
성별, 연령	• 제한 없음 (단, 정년 연령인 만 60세 미만자)
병역	• 남자의 경우 병역필 또는 면제자 * 단, 채용일 이전 전역예정자로서 전형절차에 응시가능자 지원 가능

자격 및 경력	• 「국가기술자격법」에 따른 직업상담사 자격을 취득한 사람
	• 「고등교육법」에 따른 4년제 대학 이상의 학위를 취득한 사람
	• 고등학교졸업 이상의 학력소지자로서 직업상담 관련분야 근무경력이 5년 이상인 사람
	  (※ 직무설명자료 참조)
	  * 직업상담 관련분야의 경력이란 「직업안정법」에 따른 국·공립 직업안정기관, 국·공·사립 학교, 무료직업소개사업을 하는 비영리법인, 「근로자직업능력개발법」에 따른 직업훈련기관, 「사회복지사업법」에 따른 사업복지기관, 「청소년기본법」에 의한 공공청소년단체 등에서 직업소개, 직업지도, 직업훈련 그 밖에 직업상담과 관련 있는 업무를 수행한 경력을 말한다.

기타	• 인사 관련규정 상 결격사유에 해당되지 않는 자 (※ 기타 유의사항 참조)

* 원서접수 마감일 기준

▌전형절차

필기시험	• 시험 형태 : 3과목 각 객관식 25문항(총 75문항)
	• 시험 과목
	  -(필수) 고용보험법령(시행규칙 미출제), 직업상담학
	  -(선택) 사회(정치, 경제, 사회문화) 또는 국민기초생활보장법령(시행규칙 미출제) 중 1과목
	        ※ 법령은 시험일 기준 시행 중인 법령

⇩

면접전형	• 필기시험 합격자를 대상으로 면접 전형 진행 • 공무 수행자로서의 직업기초능력, 직무수행능력 등을 평가

전형방법

전형단계	비고
지원서 접수	• 워크넷 e-채용마당 ※ 우편, 이메일, 방문접수 불가 　다만 장애인 전형은 현장 및 우편 접수 가능
필기시험	• 시험형태 : 3과목 각 25문항(총 75문항, 객관식) • 시험시간 : 70분 • 장소 : 대전 (구체적인 장소는 추후 공지)
필기시험 합격자 발표	• ○○지방고용노동청 홈페이지 공고 예정 　* 과목별 40점 이상, 성적순으로 응시단위(지청)별 채용인원의 2배수로 선발 　다만 채용인원이 3명 미만인 경우 3배수 선발
면접전형	• 직무능력, 품성, 가치관, 조직 적응력 등 평가 　* 면접은 첨부된 직무설명 자료를 바탕으로 진행
최종 합격자 발표	• 필기시험과 면접 점수를 합산하여 고득점 순 선발 • 응시지역 관할 지방고용노동청(지청) 홈페이지에 공고 예정

※ 최종합격자의 채용포기, 결격사유 등 사정으로 결원 발생 시 면접시험 성적에 따라 추가 합격자 결정

2022년 시험전형일정	
전형단계	시험일정
지원서 접수	2022.3.10. 09:00~2022.3.17. 18:00
필기시험	2022.4.9. 14:30
필기시험 합격자 발표	2022.4.15.
면접전형	2022.4.20.~
최종 합격자 발표	2022.4.27.

※ 상기 일정은 변경될 수 있으며, 이 경우에는 각 (지)청 홈페이지 게시판에 공지됨

▌우대사항

구분	우대사항			
자격사항 〈필기전형〉	구분	가점대상 자격증		가점
	직무관련	• 직업상담사 1급		3점
		• 직업상담사 2급 • 사회복지사(1급, 2급) • 직업능력개발훈련교사		2점
	정보처리 분야	□통신·정보처리 분야 • 정보관리기술사, 전자계산조직응용기술사(컴퓨터시스템응용기술사), 정보처리기사, 전자계산기조직응용기사, 사무자동화산업기사, 정보처리산업기사, 전자계산기제어산업기사 □사무관리분야 • 워드프로세서, 컴퓨터활용능력		1점
	※ 폐지된 자격증으로서 국가기술자격법령 등에 따라 그 자격이 계속 인정되는 자격증은 가점 대상 자격증으로 인정한다. ※ 직무관련 자격증은 본인에게 유리한 자격증 1개만 적용(여러 개의 자격증을 제출하더라도 중복하여 가산하지 않음) ※ 정보처리분야 자격증은 1개만 적용(여러 개의 자격증을 제출하더라도 중복하여 가산하지 않음)			
취업지원 대상자 〈필기·면접전형〉	• 취업지원대상자를 규정한 법률에 따라 만점의 10점 또는 5점 부여			
	☞ 취업지원 대상자를 규정한 법률 ▲「국가유공자 등 예우 및 지원에 관한 법률」 제29조 ▲「독립유공자예우에 관한 법률」 제16조 ▲「보훈보상대상자 지원에 관한 법률」 제33조 ▲「고엽제후유의증 등 환자지원 및 단체설립에 관한 법률」 제7조의9 ▲「5.18민주유공자 예우에 관한 법률」 제20조 ▲「특수임무유공자 예우 및 단체설립에 관한 법률」 제19조			
	※ 가점은 전형별 만점 배점 외로 추가 가산되며, 지원자가 가산대상에 중복 해당할 경우 중복하여 가산			

* 필기전형 시, 자격사항 가점 및 취업지원대상자 가점 모두 포함될 경우 중복 가산
*「고용상 연령차별금지 및 고령자고용촉진에 관한 법률」 제15조제1항의 규정에 따른 준고령자와 고령자 우선고용 직종으로 동점자일 경우 고령자·준고령자 우대
* 우대사항은 원서접수 마감일을 기준으로 함

▌접수서류

제출 서류	제출 시기
NCS기반 입사지원서, 경험 혹은 경력 기술서, 자기소개서 각 1부	원서접수 시
자격요건 관련(해당부분 전체) • 「국가기술자격법」에 따른 직업상담사 자격을 취득한 사람 ※ 직업상담사 자격증 사본 1부 • 「고등교육법」에 따른 4년제 대학 이상의 학위를 취득한 사람 ※ 해당 대학 졸업증명서 사본 1부 • 고등학교졸업 이상의 학력소지자로서 직업상담 관련분야 근무경력이 5년 이상인 사람 ※ 고등학교 졸업증명서 및 경력증명서 각1부	면접 시
가점대상 자격증(해당부분 전체) • 직업상담사 등 직무관련 자격증 사본 각 1부(해당자) • 정보처리분야 관련 자격증 사본 각 1부(해당자)	
취업보호·지원대상자 증명서 각 1부(해당자, 국가보훈처 발급) ☞ 취업지원 대상자를 규정한 법률 ▲「국가유공자 등 예우 및 지원에 관한 법률」 제29조 ▲「독립유공자예우에 관한 법률」 제16조 ▲「보훈보상대상자 지원에 관한 법률」 제33조 ▲「고엽제후유의증 등 환자지원 및 단체설립에 관한 법률」 제7조의9 ▲「5.18민주유공자 예우에 관한 법률」 제20조 ▲「특수임무유공자 예우 및 단체설립에 관한 법률」 제19조	

※ 경력증명서는 해당 모집분야와 관련하여 근무한 경력증명서를 첨부하되, 근무기간, 직위, 직급, 담당업무를 정확히
  기재하고 발급확인자 서명 및 연락처 포함

▌근로조건

① 수습기간 : 채용일로부터 3개월

　　※ 교육성적, 직무수행능력 및 태도 등에 대한 평가를 통해 계속 고용 여부 결정

② 보수수준 : 전임직급 직업상담원 1호봉

　　※ 정액급식비, 명절상여금, 가족수당 및 법정수당 별도
　　※ 4대 보험 가입(건강보험, 국민연금, 고용보험, 산재보험)

③ 근무시간 : 주 5일(월~금), 1일 8시간(09:00~18:00, 휴게 1시간)

④ 근무 장소 : 응시지역 관할 지방고용노동청 및 관할 소속기관(지청)

　　* 근무 장소는 최초 배치시 응시단위(청·지청) 소속 고용센터 또는 관련 부서에 근무하게 되나, 효율적 인력운영
　　을 위해 「고용노동부 공무직근로자 운영규정」에 따라 청 관할 내 소속기관 간 전보로 변경될 수 있음

⑤ 그 밖의 복무 등에 관한 사항은 "직업상담원 운영규정" 및 "고용노동부 공무직 근로자 운영규정"에
따름

▌응시원서 접수절차

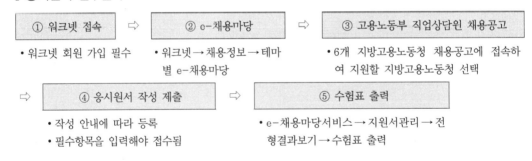

▌기타 유의사항

① 응시자가 「채용절차의 공정화에 관한 법률」 제11조에 따라 최종합격자 발표일의 다음날부터 30일까
지 제출한 채용서류 반환을 신청하는 경우에는 반환(최종 채용 합격자, 홈페이지 또는 전자우편으로
제출된 경우는 제외)하며, 반환하지 않거나 전자적으로 접수한 서류는 「개인정보 보호법」에 따라 파
기합니다.

② 응시자는 응시자격이 있어야만 응시가 가능하오니 응시자격을 반드시 확인하시기 바랍니다.

③ 제출한 서류 내용이 사실과 다를 경우 합격을 취소할 수 있습니다.

④ 입사지원서 등은 정확히 작성하여야 하고, 이를 준수하지 아니할 경우 사안에 따라 불이익을 받을 수 있습니다.

⑤ 입사지원서에 근무희망 지역(청·지청)을 반드시 기재하여야 하며, 그렇지 않을 경우 서류전형에서 제외됩니다.

⑥ 응시자는 서울청, 중부청, 부산청, 대구청, 광주청, 대전청 6개 청 중에서 1개의 청에만 응시 가능합니다. (2개 이상 청·지청 중복하여 접수할 경우 0점 처리)

⑦ 최종합격자의 채용포기, 결격사유 등 사정으로 결원 보충 필요시 면접시험 성적에 따라 추가합격자를 결정할 수 있습니다.

⑧ 채용시험 결과 적격자가 없을 경우 당초 예정인원보다 적게 채용할 수도 있습니다.

⑨ 합격자 발표 후라도 경력 조회 등을 통하여 결격사유가 발견될 경우 합격이 취소될 수 있습니다.

⑩ 본 계획은 사정에 의해 변경될 수 있으며, 변경된 사항은 해당시험 전에 변경 통지 또는 공고할 예정입니다.

⑪ 시험결과에 부당한 영향을 끼칠 목적으로 허위자료를 제출하였을 경우 관계 법령에 의거 형사고발 조치를 당할 수 있습니다.

⑫ 결격사유

　－ 피성년후견인 또는 피한정후견인(2013.7.1. 전에 선고를 받은 금치산자 또는 한정치산자를 포함한다)

　－ 파산선고를 받고 복권되지 아니한 사람

　－ 금고 이상의 형을 선고받고 그 집행이 종료되거나 집행을 받지 아니하기로 확정된 후 5년이 지나지 아니한 사람

　－ 금고 이상의 형을 선고받고 그 집행유예 기간이 끝난 날부터 2년이 지나지 아니한 사람

　－ 금고 이상의 형의 선고유예를 받은 경우에 그 선고유예기간 중에 있는 사람

　－ 법원의 판결 또는 다른 법률에 따라 자격이 상실되거나 정지된 사람

　－ 징계로 해고 처분을 받은 때부터 3년이 지나지 아니한 사람

⑬ 기타 자세한 내용은 아래 연락처로 문의하시기 바랍니다.

　※ 고용노동부 본부(☎ 044-202-7337)
　※ 서울지방고용노동청 고용관리과(☎ 02-2250-5812)
　※ 중부지방고용노동청 고용관리과(☎ 032-460-4511)
　※ 부산지방고용노동청 고용관리과(☎ 051-850-6321)
　※ 대구지방고용노동청 고용관리과(☎ 053-667-6319)
　※ 광주지방고용노동청 고용관리과(☎ 062-975-6263)
　※ 대전지방고용노동청 고용관리과(☎ 042-480-6217)

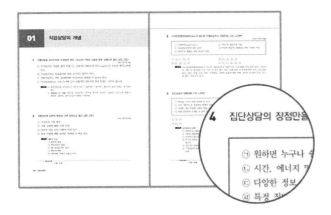

신통한 문제!

기출문제 분석을 통해 시험 출제 경향을 반영하여 시험에 꼭 나올 만한 문제를 엄선하여 수록하였습니다.

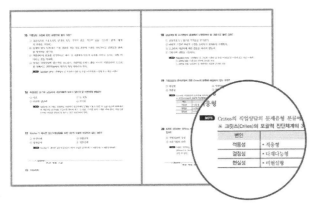

착한 해설!

학습능률을 높이는 상세하고 꼼꼼한 해설로 합격에 한 걸음 더 가까이 다가갈 수 있습니다.

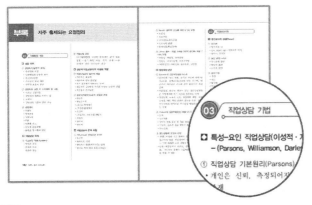

필수 암기노트

시험에 자주 출제되는 핵심 이론만을 깔끔하게 정리하여 효율적인 학습 및 마무리 정리가 가능합니다.

Contents

PART

01

직업상담학

01 직업상담의 개념

1 직업상담을 효과적으로 수행하기 위한 상담자의 주요한 역할에 관한 설명으로 옳지 않은 것은?

① 직업상담의 성과를 얻기 위해서는 상담자와 내담자의 라포(rapport)가 충분히 전제되어야 한다.

② 직업상담자는 상담윤리에 대해 숙지하고 있어야 한다.

③ 직업상담자는 각종 심리검사를 적극적으로 활용할 수 있어야 한다.

④ 직업상담에서는 가족 문제와 같이 내담자의 개인적인 삶의 문제는 다루지 않는다.

> **NOTE** ④ 직업상담사는 상담자로서 경우에 따라서 내담자의 가족문제나 개인적 삶의 문제도 다루어야 한다.
> ※ 직업상담사의 역할 : 상담자, 정보분석자, 해석자, 처치자, 조언자, 직업지도 프로그램 개발자, 지원자, 협의자, 관리자 등의 역할을 수행한다.

2 직업상담의 일반적 목표에 대한 설명으로 옳지 않은 것은?

① 대인관계 기술 향상

② 직업 세계에 대한 이해 증진

③ 자신에 대한 보다 정확한 이해 증진

④ 일과 직업에 대한 올바른 가치관 및 태도 형성

> **NOTE** 상담의 목표
> ㉠ 문제의 해결
> ㉡ 정신건강의 증진
> ㉢ 의사결정능력의 함양
> ㉣ 행동의 변화
> ㉤ 내담자의 잠재적 효율성 촉진

Answer

1.④ 2.①

3 미국진로발달협회(NCDA)가 제시한 직업상담자의 역량만을 모두 고르면?

> ㉠ 슈퍼비전(supervision)　　　　　　㉡ 개인 및 집단사정 기술
> ㉢ 진로발달이론에 대한 지식　　　　　㉣ 다양한 집단의 사람들을 위한 지식과 기술
> ㉤ 과학기술 활용을 위한 지식과 기술

① ㉠, ㉡, ㉢, ㉣　　　　　　　　　　② ㉠, ㉢, ㉣, ㉤

③ ㉡, ㉢, ㉣, ㉤　　　　　　　　　　④ ㉠, ㉡, ㉢, ㉣, ㉤

> **NOTE** 미국진로발달협회(NCDA)가 제시한 직업상담자의 역량으로는 진로발달이론에 대한 지식, 슈퍼비전, 개인 및 집단상담 기술, 개인 및 집단 평가 기술, 각종 정보 및 자원에 대한 지식, 프로그램 홍보·관리·실행, 코칭·자문·수행개선, 다양한 집단에 대한 이해, 윤리적 및 법적 문제, 연구 및 평가, 기술 등이 있다.

4 집단상담의 장점만을 모두 고르면?

> ㉠ 원하면 누구나 쉽게 참여할 수 있다.
> ㉡ 시간, 에너지 및 경제적인 면에서 효율적이다.
> ㉢ 다양한 정보 수집과 사회적 경험, 사회적 기술 훈련과 연습을 할 수 있다.
> ㉣ 특정 집단원의 문제를 더 깊이 있게 다룰 수 있다.

① ㉠, ㉡　　　　　　　　　　　　　② ㉠, ㉢

③ ㉡, ㉢　　　　　　　　　　　　　④ ㉢, ㉣

> **NOTE** 집단상담의 장점
> ㉠ 실용적이고 효율성이 있다.
> ㉡ 사회적 대인관계의 맥락을 제공한다.
> ㉢ 집단에서 새로운 행동을 실천해 볼 수 있다.
> ㉣ 자신의 감정과 생각을 다른 사람에게 효과적으로 표현하고, 다른 사람의 감정표현을 잘 받아들인다.
> ㉤ 지도성과 사회성을 기른다.
> ㉥ 구성원들의 문제점을 통해서 유사점과 차이점을 이해할 수 있으며, 서로 도움을 주고받을 수 있다.

○ **Answer** ○

3.④　4.③

5 직업상담사의 역할로 옳은 것만을 모두 고르면?

2019 국가직 9급

> ㉠ 의사결정 기술을 향상할 수 있도록 내담자에게 기회를 제공한다.
> ㉡ 직무 스트레스, 직무 상실, 직업 전환 등으로 인해 겪는 부정적 감정을 해소하도록 내담자를 지지한다.
> ㉢ 내담자 스스로 자신의 직업계획을 개발할 수 있도록 조력한다.
> ㉣ 내담자로 하여금 직업과 삶의 역할을 통합하도록 돕는다.

① ㉠
② ㉠, ㉡, ㉢
③ ㉡, ㉢, ㉣
④ ㉠, ㉡, ㉢, ㉣

NOTE 제시된 내용은 모두 직업상담사의 역할에 해당한다.

6 진로선택에 영향을 미치는 요인들로 미첼(L. Mitchell)과 크럼볼츠(J. Krumboltz)가 제안한 것만을 모두 고른 것은?

2019 국가직 9급

> ㉠ 유전 요인
> ㉡ 환경 조건과 사건
> ㉢ 학습경험
> ㉣ 과제접근 기술

① ㉡, ㉢
② ㉠, ㉢, ㉣
③ ㉡, ㉢, ㉣
④ ㉠, ㉡, ㉢, ㉣

NOTE 진로선택에 영향을 미치는 요인
㉠ 환경적 요인
• 유전적 요인과 특별한 능력
• 환경적 조건과 사건
㉡ 심리적 요인
• 학습경험
• 과제접근 기술

── ◦ **Answer** ◦──
5.④ 6.④

7 직무를 수행할 때 문제를 해결하기 위한 사고기능으로서, 자기대화, 자기인식, 모니터링과 통제 등을 통해 자신이 어떤 생각을 하고 있는지 사고하는 개념은?

2019 국가직 9급

① 초인지(meta cognition)
② 의사결정(decision making)
③ 자기객관화(self-objectiveness)
④ 자기도식 특화(self-schema specialization)

> **NOTE** 초인지는 직무를 수행할 때 문제를 해결하기 위한 사고기능으로서, 자기대화, 자기인식, 모니터 링과 통제 등을 통해 자신이 어떤 것을 알고 어떤 것을 모르는지와 같이 지식과 사고에 대해 인 지하고 조절이나 통제하는 전략을 말한다.

8 샘슨(Sampson) 등의 진로의사결정 정도에 따른 내담자 분류에서 진로 무결정자(the indecisive) 에 해당하는 것은?

2018 국가직 9급

① 자신의 모습, 직업, 혹은 의사결정을 위한 지식이 부족한 내담자
② 진로를 결정한 것처럼 보이지만 실제로는 결정을 못하는 내담자
③ 생활에 전반적인 장애를 주는 불안을 동반한 내담자
④ 다양한 능력으로 지나치게 많은 기회를 갖게 되어 진로 결정이 어려운 내담자

> **NOTE** 진로의사결정 정도에 따른 내담자 분류
> ㉠ 진로 결정자
> • 자신의 선택이 잘된 것이니 명료화하기를 원하는 내담자
> • 자신의 선택을 이행하기 위해 도움이 필요한 내담자
> • 진로를 결정한 것처럼 보이지만 실제로는 결정을 못하는 내담자
> ㉡ 진로 미결정자
> • 자신의 모습, 직업, 혹은 의사결정을 위한 지식이 부족한 내담자
> • 다양한 능력으로 지나치게 많은 기회를 갖게 되어 진로 결정이 어려운 내담자
> ㉢ 진로 무결정자(= 우유부단형)
> • 생활에 전반적인 장애를 주는 불안을 동반한 내담자
> • 일반적으로 문제해결 과정에서 부적응적인 성격을 지니고 있는 내담자

Answer
7.① 8.③

9 상담활동의 특징으로 거리가 먼 것은?

① 상담관계에서는 비밀보장과 신뢰감이 중요시된다.

② 상담의 결과는 상담이 종결에 이르러서 나타나야 한다.

③ 상담은 주로 언어를 매개로 하는 관계이다.

④ 상담의 성과는 한두 번의 대화로 나타나지 않을 수 있으므로 상담자와 내담자 간의 수차례에 걸친 면접이 요구된다.

> **NOTE** ② 상담에 따른 변화는 상담과정에서 당장 확인할 수도 있고 한참 지난 후 나타나기도 한다.

10 다음 중 상담자가 내담자의 이야기를 열심히 듣고 있다는 표시라고 볼 수 없는 것은?

① 재진술

② 눈길을 보냄

③ 고개의 끄덕임

④ 새로운 문제제기

> **NOTE** 상담 중 내담자의 말을 가로막거나 내담자의 발언 중에 질문을 던지거나, 새로운 문제를 제기하지 않는다.

11 명료화단계에서 상담자의 목표는?

① 여러 생각과 감정을 최종적으로 정리한다.

② 내담자가 도움을 청하는 원인과 배경을 밝힌다.

③ 문제해결에 도움이 될 수 있는 사실에 대한 정보를 수집한다.

④ 내담자가 목표에 도달하는 단계를 알게 하고 최종목표에 대해 생각하게 한다.

> **NOTE** 명료화 : 내담자의 문제를 명백히 하여 내담자가 도움을 청하는 원인과 문제의 배경을 밝힌다.

○ **Answer** ○

9.② 10.④ 11.②

12 다음 촉진적 의사소통에 대한 설명 중 옳지 않은 것은?

① 교육적 대화, 치료적 의사소통 등으로 개념화되기도 한다.
② 상담자는 내담자에게 필요한 정보만을 제공한다.
③ 이해, 존중, 조력적 욕구를 표현하는 인간적 상호작용이다.
④ 인간의 잠재능력까지 성장, 발달시키는 의사소통이다.

> **NOTE** ② 상담자는 정보제공에 그쳐서는 안 되며, 상담자가 어떻게 정보를 구할 수 있으며 어떻게 활용
> 해야 하는지를 도와주어야 한다.

13 다음 상담의 진행과정에 대한 설명 중 옳지 않은 것은?

① 내담자가 상담에 대해 확실히 인식한다.
② 대화의 유형과 종류를 설정한다.
③ 대화의 속도, 방향, 시간을 조정한다.
④ 상담자는 내담자에게 상담자 개인의 문제는 언급하지 않는다.

> **NOTE** ④ 상담자는 내담자에게 자신의 문제 등을 이야기하며 공감적 관계를 형성할 수도 있다.

14 다음 중 구조화와 관계없는 것은?

① 상담의 목표
② 상담의 종결시기
③ 내담자의 역할과 책임
④ 상담자 역할의 제한점

> **NOTE** 구조화단계는 심리적 조력관계의 본질, 제한점, 목표 등을 규정하고 상담자와 내담자의 역할 및
> 책임 등의 윤곽을 명백히 하는 과정이다.

◦ **Answer** ◦
12.② 13.④ 14.②

15 직업상담 과정에 관한 설명으로 틀린 것은?

① 일반적으로 직업상담은 관계의 형성 – 문제의 진단 – 목표의 설정 – 구조화 – 중재 – 평가의 과정을 거친다.

② 관계의 형성 단계에서 가장 중요한 것은 상호 존중에 기초한 개방적이고 신뢰로운 관계를 형성하는 것이다.

③ 직업상담의 목표를 설정한다고 해서 그 내담자가 반드시 문제를 가지고 있다는 것을 의미하는 것은 아니다.

④ 평가는 직업상담의 필수적인 요소로서, 내담자를 위해서 뿐만 아니라 직업상담사 스스로를 위해서도 상담과정에서 평가가 항상 뒤따라야 한다.

> **NOTE** 직업상담의 단계… 관계형성 및 구조화 → 진단 및 측정 → 목표설정 → 중재 또는 개입 → 평가

16 직업상담 초기에 상담사가 내담자에게 보이지 말아야 할 비언어적 행동은?

① 미소　　　　　　　　　　　② 눈 맞춤
③ 단호한 결단력　　　　　　　④ 끄덕임

> **NOTE** 직업상담 초기에는 상담자는 내담자가 상담자에게 문제를 터놓고 말할 수 있을 만큼의 허용적이며 개방적인 분위기를 조성하기 위하여 미소, 눈 맞춤, 끄덕임 등의 노력을 해야 한다. 직업상담 초기에 "단호한 결단력"을 보이는 것은 바람직하지 않다.

17 Butcher가 제시한 집단직업상담을 위한 3단계 모델에 해당하지 않는 것은?

① 탐색단계　　　　　　　　　② 전환단계
③ 실행단계　　　　　　　　　④ 행동단계

> **NOTE** Butcher가 제시한 집단직업상담의 3단계 모델은 탐색단계 → 전환단계 → 행동단계이다.

○ **Answer** ○
15.① 16.③ 17.③

18 상담과정 중 초기면담의 종결에서 수행되어야 할 내용으로 틀린 것은?

① 상담과정에서 필요한 과제물을 부여한다.
② 내면적 가정이 외면적 가정을 논박하지 못하도록 수행한다.
③ 조급하게 내담자에 대한 결론을 내리지 않는다.
④ 상담사의 개입을 시도한다.

> **NOTE** 직업상담의 단계… 관계형성 및 구조화→진단 및 측정→목표설정→중재 또는 개입→평가
> ㉠ 내면적 가정 : 주관적인 판단에 근거한 가정
> ㉡ 외면적 가정 : 심리검사 등 객관적인 자료에 근거한 가정

19 직업상담의 문제유형에 관한 Crites의 분류에 해당하지 않는 것은?

① 현실형   ② 다재다능형
③ 적응형   ④ 불충족형

> **NOTE** Crites의 직업상담의 문제유형 분류에 '비현실형'은 있지만, '현실형'은 없다.
> ※ 크릿츠(Crites)의 포괄적 진단체계의 3가지 변인

변인	진로문제 유형		
적응성	• 적응형	• 부적응형	
결정성	• 다재다능형	• 우유부단형	
현실성	• 비현실형	• 불충족형	• 강압형

20 6개의 생각하는 모자(six thinking hats)는 직업상담의 중재와 관련된 단계들 중 무엇을 위한 것인가?

① 직업정보의 수집   ② 의사결정의 촉진
③ 보유기술의 파악   ④ 시간관의 개선

> **NOTE** '6개의 생각하는 모자(six thinking hats)' 기법은 창의적 사고 연구가인 에드워드 드 보노(Edward de Bono)가 개발한 회의 진행방법으로서, 효율적으로 시간을 관리하고 의사결정을 촉진할 수 있다.

○ **Answer** ○
18.④ 19.① 20.②

21 집단직업상담에 관한 설명으로 틀린 것은?

① Butcher는 집단직업상담의 3단계로 탐색단계, 전환단계, 행동단계를 제시하였다.
② 집단직업상담은 직업성숙도가 높은 사람들에게 더 효과적인 경향이 있다.
③ 집단직업상담에서 각 구성원들은 상담과정에서 이루어진 토의 내용에 대해 비밀을 유지해야 한다.
④ 남성과 여성은 집단직업상담에 임할 때 목표가 서로 다를 수 있으므로 성별을 고려해야 한다.

> **NOTE** 직업성숙도가 높은 사람들에게는 개인직업상담이 더 효율적이다. 집단직업상담은 집단 구성원들 간의 피드백을 통해 직업성숙도가 낮은 사람들이나 비현실적인 목표를 가지고 있는 사람들에게 긍정적인 영향을 미친다.

22 직업상담사의 역할이 아닌 것은?

① 내담자에게 적합한 직업 탐색 및 결정
② 내담자의 능력, 흥미 및 적성의 평가
③ 직무스트레스, 직무 상실 등으로 인한 내담자 지지
④ 내담자의 삶과 직업목표 명료화

> **NOTE** 내담자에게 직업정보를 제공하고 의사결정을 할 수 있도록 도와주는 것은 직업상담사의 역할이지만, 직업을 선택하고 결정하는 것은 내담자 자신이 해야 할 일이다.

23 전화상담의 장점과 가장 거리가 먼 것은?

① 상담관계가 안정적이다.
② 응급상황에 있는 내담자에게 도움이 된다.
③ 청소년의 성문제 같은 사적인 문제를 상담하는데 좋다.
④ 익명성이 보장되어 신분노출을 꺼리는 내담자에게 적합하다.

> **NOTE** 전화상담 및 사이버상담의 단점은 내담자가 갑자기 일방적으로 상담을 중단할 수 있기 때문에 상담관계가 불안정적이다.

◦ **Answer** ◦
21.② 22.① 23.①

24 직업상담의 상담목표 설정에 관한 설명으로 가장 적합한 것은?

① 상담목표 설정은 상담전략 및 개인의 선택과 관련이 없다.

② 하위목표들을 명확히 하여 가능한 구체적으로 설정되어야 한다.

③ 내담자 기대나 가치와 어긋나더라도 상담자의 전문가적인 식견에 따라 설정되어야 한다.

④ 현실적이기보다 가능한 궁극적인 변화를 가져올 수 있는 원대한 목표이어야 한다.

> **NOTE** 직업상담의 목표의 특성
> ㉠ 목표는 구체적이어야 한다.
> ㉡ 목표는 실현가능해야 한다.
> ㉢ 목표는 내담자가 원하고 바라는 것이어야 한다.
> ㉣ 내담자의 목표는 상담자의 기술과 양립 가능해야 한다.

25 다음은 상담 초기단계에서 중요하게 이루어지는 작업들이다. 무엇에 관한 것인가?

> ㉠ 상담과정의 본질과 제한조건 및 방향에 대해 알려주는 것
> ㉡ 내담자의 역할과 상담자의 역할에 대해 분명히 알려주는 것
> ㉢ 상담시간 및 내담자의 행동규범에 대해 알려주는 것
> ㉣ 상담의 과정 및 목표에 대한 언급

① 상담의 구조화

② 래포 형성

③ 접수면접 과정

④ 상담의 종결과정

> **NOTE** 상담 초기단계에서 관계형성 및 구조화가 이루어져야 하는데 예시된 내용은 상담의 구조화에 관한 내용이다.

○ **Answer** ○

24.② 25.①

26 다음 상담 장면은 진로상담의 어떤 편견에 해당하는가?

> 내담자 1 : 앞으로 제가 무엇을 하는 것이 좋을지 몰라서 검사를 몇 가지 받아보고 싶습니다.
> 내담자 2 : 제가 어떤 일에 적합한지를 알려 줄 수 있는 적성검사 같은 것이 있다면 한 번 해보고 싶습니다.

① 진로상담의 정확성에 대한 오해　　　② 일회성 결정에 대한 편견
③ 적성 · 심리검사에 대한 과잉신뢰　　　④ 흥미와 능력개념의 혼동

> **NOTE** 내담자는 적성 · 심리검사에 대한 지나친 신뢰를 나타내고 있다.

27 성공적인 상담결과를 위한 내담자 목표의 특징이 아닌 것은?

① 변화될 수 없어야 한다.
② 실현가능한 것이어야 한다.
③ 내담자기 비리고 원히는 것이어야 한다.
④ 상담자의 기술과 양립 가능해야만 한다.

> **NOTE** 내담자의 목표는 구체적이어야 하지만 실현가능성 등에 비추어 변화될 수 있다.

28 초기상담의 유형 중 관계지향적 면담에 관한 설명으로 옳은 것은?

① 재진술과 감정의 반향 등이 주로 사용된다.
② 내담자에 의해 시작된 면담과 상담에 의해 시작된 면담으로 구분된다.
③ '누가, 무엇을, 어디서, 어떻게'로 질문이 사용된다.
④ 상담의 틀이 상담자에게 초점이 맞추어져 진행된다.

> **NOTE** 초기상담의 관계지향적 면담에서 내담자와 상담자 간의 촉진적인 관계 형성이 이루어지는데 여기에서 재진술, 감정의 교류가 활발한 감정의 반향 등이 사용된다.

○ **Answer** ○
26.③　27.①　28.①

24 직업상담학

29 집단상담에 대한 설명으로 틀린 것은?

① 집단상담의 최대 강점은 한 상담자가 동시에 많은 내담자를 도울 수 있다는 효율적인 점이다.

② 집단상담에서는 특정 개인의 문제가 충분히 다루어지지 않을 가능성이 높은 제한점이 있다.

③ 집단상담 구성원들은 개인적인 조언보다 주변 사람들의 공통 의견을 더 잘 받아들이는 경향이 있다.

④ 다양한 발달단계의 이질집단이 동질집단에 비해 자극이 되고 새로운 것을 받아들이는 데 더 효과적이다.

> **NOTE** 집단상담은 비슷한 문제를 겪고 있는 여러 명의 구성원이 상담에 함께 참여하여 서로의 경험과 생각을 공유하며 문제를 해결하고자 하는데 효과적이다.

30 직업상담 장면에서 미결정자나 우유부단한 내담자에게 가장 우선되어야 할 직업상담 프로그램은?

① 미래사회 이해프로그램

② 자신에 대한 탐구프로그램

③ 취업효능감 증진프로그램

④ 직업세계 이해프로그램

> **NOTE** 직업상담에서 결정을 내리지 못하는 미결정자나 우유부단한 내담자에게는 자신에 대한 이해가 부족하므로 자신에 대한 탐구프로그램이 우선되어야 한다.

───── ○ **Answer** ○ ─────
29.④ 30.②

31 다음 중 상담과정에서 상담자가 내담자에게 하는 질문에 관한 설명으로 틀린 것은?

① 간접적 질문보다는 직접적 질문이 더 효과적이다.

② 폐쇄적 질문보다는 개방적 질문이 더 효과적이다.

③ 이중질문은 상담에서 결코 도움이 되지 않는다.

④ '왜'라는 질문은 가능하면 피해야 한다.

> **NOTE** 질문의 유형
> ㉠ 직접적 질문보다 간접적 질문이 더 효과적이다.
> ㉡ 폐쇄적 질문보다는 개방적 질문이 바람직하다.
> ㉢ 이중질문은 내담자를 혼란스럽게 한다.
> ㉣ '왜'라는 질문은 추궁하는 느낌이 들고 내담자로 하여금 스스로를 방어하도록 하므로 가급적 삼간다.

32 다음 중 특성 – 요인 직업상담의 과정을 바르게 나열한 것은?

㉠ 분석	㉡ 종합
㉢ 진단	㉣ 예후
㉤ 상담	㉥ 사후지도

① ㉠㉡㉢㉣㉤㉥

② ㉢㉠㉡㉣㉤㉥

③ ㉠㉡㉢㉤㉣㉥

④ ㉠㉤㉢㉣㉡㉥

> **NOTE** 윌리암슨(Williamson)의 특성–요인 직업상담의 과정 ⋯ 분석 → 종합 → 진단 → 예후 → 상담(개입) → 사후지도(추수지도)

——○ **Answer** ○——
31.① 32.①

33 Butcher가 제시한 집단직업상담의 3단계를 바르게 나열한 것은?

① 탐색 → 행동 → 유지
② 탐색 → 전환 → 행동
③ 유지 → 전환 → 행동
④ 전환 → 탐색 → 유지

> **NOTE** 부처(Butcher)의 직업상담의 3단계
> ⊙ 탐색단계: 자기개방, 흥미와 적성에 대한 측정, 측정결과에 대한 피드백이 이루어진다.
> ⊙ 전환단계: 자아상과 피드백 간의 일치가 이루어지면 자신의 고유한 영역과 지식을 직업 세계와 연결한다.
> ⊙ 행동단계: 목표설정 및 목표달성을 촉진시키기 위한 정보의 수집과 공유 등 구체적인 행동이 이루어진다.

34 진로상담 및 직업상담의 과정을 순서대로 바르게 나열한 것은?

⊙ 상담목표의 설정
ⓒ 관계수립 및 문제의 평가
ⓒ 문제해결을 위한 개입
ⓔ 훈습(working through)
ⓜ 종결

① ㄱㄴㄷㄹㅁ
② ㄴㄱㄷㄹㅁ
③ ㄱㄴㄹㄷㅁ
④ ㄴㄹㄱㄷㅁ

> **NOTE** 진로상담 및 직업상담의 과정 … 관계수립 및 문제의 평가 → 상담목표의 설정 → 문제해결을 위한 개입(중재) → 훈습 → 종결

○ **Answer** ○
33.② 34.②

35 다음 중 집단직업상담에 관한 설명으로 가장 적합하지 않은 것은?

① 집단직업상담은 일반적으로 직업성숙도가 높은 사람들에게 더 효과적이다.
② 가능한 모임의 횟수를 최소화해야 한다.
③ 남성과 여성은 집단직업상담에 임할 때의 목표가 서로 다를 수 있으므로 성별을 고려해야 한다.
④ Butcher는 집단직업상담의 3단계로 탐색단계, 전환단계, 행동단계를 제시하였다.

> **NOTE** 집단상담의 구성원은 일반적으로 직업성숙도가 높은 사람들보다 낮은 사람들에게 효과적이다.

36 상담의 진행단계별 특징에 관한 설명으로 옳은 것은?

① 초기단계의 주요 작업은 상담에 대한 구조화이다.
② 중기단계의 주요 작업은 내담자와 상담자 간의 촉진적인 관계 형성이다.
③ 종결단계의 주요 작업은 문제해결단계이다.
④ 초기단계의 주요 작업은 과정적 목표의 설정과 달성이다.

> **NOTE** 초기단계에서는 상담자와 내담자 간의 관계형성의 촉진 및 상담에 대한 구조화가 이루어진다.

37 다음 중 상담의 목표설정과정에 관한 설명으로 틀린 것은?

① 전반적인 목표는 내담자의 욕구들에 의해 결정된다.
② 현존하는 문제를 평가하고 나서 목표설정과정으로 들어간다.
③ 상담자는 목표설정에 개입하지 않는다.
④ 내담자의 목표를 끌어내기 위한 기법에는 면접안내가 있다.

> **NOTE** 직업상담 목표의 특성
> ㉠ 목표들은 구체적이어야 한다.
> ㉡ 실현가능해야 한다.
> ㉢ 내담자가 원하는 것이어야 한다.
> ㉣ 내담자의 목표는 상담자의 기술과 양립가능해야 한다.

───── ○ **Answer** ○─────
35.① 36.① 37.③

38 직업상담에서 내담자가 검사도구에 대해 비현실적 기대를 가지고 있을 때 상담자가 취할 수 있는 행동으로 가장 적합한 것은?

① 즉시 검사를 실시한다.
② 검사사용 목적에 대하여 내담자에게 설명한다.
③ 검사종류의 선택을 독단적으로 한다.
④ 심리검사는 상담관계를 방해하므로 실시하지 않는다.

> **NOTE** 내담자가 검사도구에 대해 비현실적 기대를 가지고 있을 때 사용목적에 대하여 설명한다.

39 내담자의 침묵에 관한 설명으로 틀린 것은?

① 상담자 개인에 대한 적대감에서 오는 저항이나 불안 때문에 생긴다.
② 상담관계가 이루어지기도 전에 일어난 침묵은 대개 긍정적이며 수용의 형태로 해석될 수 있다.
③ 내담자가 상담자에게서 재확인을 바라거나 상담자의 해석 등을 기대하며 침묵에 들어가는 경우이다.
④ 내담자가 이전에 표현했던 감정 상태에서 생긴 피로를 회복하고 있다는 뜻이기도 하다.

> **NOTE** 상담관계가 이루어지기도 전에 일어난 침묵은 대개 상담자에 대한 저항의 형태로 해석할 수 있다.

40 직업상담에서 내담자가 "삶에서 무엇을 지향할 것인가에 관하여 가지고 있는 생각"을 무엇이라고 하는가?

① 동기 및 역할　　　　　　　　② 욕구
③ 흥미　　　　　　　　　　　　④ 가치

> **NOTE** 삶에서 무엇을 지향할 것인가에 관하여 가지고 있는 생각을 가치라 한다.

◦ **Answer** ◦
38.② 39.② 40.④

41 직업상담사는 각종 심리검사가 특정 집단에 불리하고 편파적으로 사용되지 않도록 노력할 의무가 있다. 다음 중 그런 노력으로서 적절하지 않은 것은?

① 하나의 검사에만 의존하지 않고 여러 방법들을 평가하여 결과의 일치성을 확인한다.

② 검사에 대한 경험과 자기표현 동기가 부족한 수검자에 대한 래포 형성에 노력한다.

③ 규준집단의 특성 및 표집 방법을 잘 파악하여 결과를 해석한다.

④ 편파에 의해서 불이익을 당할 가능성이 있는 대상은 사전에 검사대상에서 제외시킨다.

> **NOTE** 검사선택시 주안점
> ㉠ 검사의 사용여부 결정
> ㉡ 내담자의 목표 및 특성과 연관된 검사도구의 속성 확인
> ㉢ 검사선택에 내담자 포함시키기

42 면담 중의 효과적인 질문형태에 관한 설명과 가장 거리가 먼 것은?

① "왜"라는 질문은 가능한한 피한다.

② 직접적인 질문보다는 간접적인 질문이 좋다.

③ 질문은 가능한 한 개방적이어야 한다.

④ 이중질문을 통해 내담자에게 양자를 택일하게 하는 선택권을 준다.

> **NOTE** 이중질문은 하나의 질문으로 둘 이상의 답변을 요구하는 것으로 내담자를 혼란하게 하므로 가급적 하지 않는 것이 좋다.

43 직업상담의 문제 유형을 크게 3가지로 대별할 때 적절하지 않은 것은?

① 취업상담 　　　　　　　　　② 인성상담
③ 진학상담 　　　　　　　　　④ 직업적응상담

> **NOTE** 직업상담이 이루어지는 영역은 대상과 직업선택의 시기에 따라 청소년기, 직업선택 시기, 재직시기, 은퇴 후로 나눌 수 있으므로 진학상담, 취업상담, 직업적응상담 및 은퇴 후 상담으로 대별할 수 있다.

○ **Answer** ○
41.④ 42.④ 43.②

44 Crites의 직업상담의 문제유형 중 가능성이 많아서 흥미를 느끼는 직업들과 적성에 맞는 직업들 사이에서 결정을 내리지 못하는 것은?

① 다재다능형　　　　　　　　② 우유부단형

③ 불충족형　　　　　　　　　④ 비현실형

> **NOTE** ① 다재다능형 : 가능성이 많아서 흥미를 느끼는 직업들과 적성에 맞는 직업들 사이에서 결정을 내리지 못함
> ② 우유부단형 : 흥미나 적성유형에 상관없이 어떤 분야를 선택할지 결정을 못함
> ③ 불충족형 : 적성에 따라 직업을 선택했지만 그 직업에 대해 흥미를 느끼지 못함
> ④ 비현실형 : 흥미를 느끼는 분야는 있지만 그 분야에 적성이 없음

45 직업상담 프로그램에서 다루어야 하는 내용과 가정 거리가 먼 것은?

① 자신에 대해 탐구하기

② 학업성취도 이해하기

③ 직업세계 이해하기

④ 미래사회 이해하기

> **NOTE** 파슨스의 직업상담 3단계
> ㉠ 자기 이해
> ㉡ 직업세계 이해
> ㉢ 과학적 조언에 의한 매칭

46 직업상담사가 실시하는 상담영역과 거리가 먼 것은?

① 학업상담　　　　　　　　　② 진로상담

③ 산업상담　　　　　　　　　④ 장애자 직업상담

> **NOTE** 직업상담사 실시하는 상담영역
> ㉠ 산업상담(재직자 진로상담(청소년기~은퇴 후))
> ㉡ 직업상담(직업선택시기 ~ 은퇴 후)

Answer

44.① 45.② 46.①

47 보딘(Bordin)의 정신역동적 직업상담모형에서 제시한 진단분류가 아닌 것은?

① 자아갈등   ② 직업선택에 대한 불안

③ 의존성   ④ 비현실형

> **NOTE** Bordin의 직업상담모형의 진단분류
> ㉠ 의존성
> ㉡ 정보의 부족
> ㉢ 내적(자아) 갈등
> ㉣ 선택에의 불안
> ㉤ 문제없음(불확신)

48 직업상담을 할 경우 적절한 내담자의 목표가 갖는 중요한 특성이 아닌 것은?

① 상담자가 바라는 것이어야 한다.

② 구체적이어야 한다.

③ 실현 가능해야 한다.

④ 상담자의 기술과 양립 가능해야 한다.

> **NOTE** 직업상담의 상담목표의 특성
> ㉠ 구체적이어야 한다.
> ㉡ 실현 가능해야 한다.
> ㉢ 내담자가 바라고 원하는 것이어야 한다.
> ㉣ 내담자의 목표는 상담자의 기술과 양립 가능해야만 한다.

49 직업상담의 과정에는 진단, 문제분류, 문제구체화, 문제해결의 단계가 있고, 직업상담의 목적에는 진로선택, 의사결정기술의 습득, 일반적 적응의 고양 등이 포함된다고 한 학자는?

① 크라이티스(Crites)   ② 크롬볼츠(Krumbolts)

③ 수퍼(Super)   ④ 기즈버스(Gysbers)

> **NOTE** Crites의 직업상담과정 모형 … 진단(문제분류) → 문제 명료화(문제 구체화) → 문제해결

○ **Answer** ○

47.④   48.①   49.①

50 다음 중 직업상담의 기본원리가 아닌 것은?

① 윤리적인 범위 내에서 상담을 전개하여야 한다.

② 산업구조변화, 직업정보, 훈련정보 등 변화하는 직업세계에 대한 이해를 토대로 이루어져 야 한다.

③ 각종 심리검사 결과를 기초로 합리적인 판단을 이끌어 낼 수 있어야 하지만 심리검사에 대해 과잉 의존해서는 안 된다.

④ 개인의 진로 혹은 직업결정에 대한 상담으로 전개되어야 하며, 자칫 의사결정능력에 대한 훈련으로 전환하지 않도록 유의한다.

> **NOTE** 직업상담의 기본원리
> ㉠ 직업상담은 진로와 직업선택에 초점을 맞추어 전개되어야 한다.
> ㉡ 직업상담은 개인의 특성을 객관적으로 파악한 후 상담자와 내담자 간의 라포의 형성을 거쳐 라포가 형성된 관계 속에서 이루어져야 한다.
> ㉢ 직업상담은 진로발달이론에 근거하며 진로발달이 진로상담에 영향을 미친다.
> ㉣ 직업상담은 개인의 진로결정에 있어서 핵심적인 요소이므로 진로의사결정과정을 도와주어야 한다.
> ㉤ 직업상담은 변화하는 직업세계의 이해와 진로정보 활동을 중심으로 개인과 직업의 연계성을 합리적으로 연결시키는 과정과 합리적 방법 이용에 초점을 두어야 한다.
> ㉥ 직업상담은 각종 심리검사의 결과를 기초로 합리적인 결과를 끌어낼 수 있도록 도와주는 역할을 다해야 한다.
> ㉦ 직업상담은 상담윤리강령에 따라 전개되어야 한다.

51 직업상담사의 역할이 아닌 것은?

① 치료자 및 조언자의 역할

② 자료제공자의 역할

③ 내담자의 보호자 역할

④ 기관/단체들과의 협의자 및 직업심리검사의 해석자

> **NOTE** 직업상담사의 역할 … 상담자, 처치자, 조언자, 개발자, 지원자, 해석자, 정보분석자, 협의자, 관리 자, 연구 및 평가자

───── ○ **Answer** ○─────
50.④ 51.③

52 다음 중 상담의 목표가 아닌 것은?

① 행동의 변화

② 환경적 요인의 개선

③ 개인의 효율성 향상

④ 정신건강의 증진

> **NOTE** 상담의 목표
> ㉠ 행동의 변화
> ㉡ 정신건강의 증진
> ㉢ 개인의 효율성 향상
> ㉣ 의사결정능력의 함양

53 다음 중 직업상담 시 상담자가 고려할 사항으로 옳지 않은 것은?

① 정보제시의 시기가 적절해야 한다.

② 검사결과에 대한 평가와 해석을 한 뒤 직업정보를 제공한다.

③ 상담종료와 함께 직업 및 진로결정이 되어야 한다는 것을 내담자에게 알린다.

④ 상담종료시 진로계획, 검사결과기록을 내담자가 갖고 가야 책임감도 커진다.

> **NOTE** 상담자가 내담자에게 상담종료와 함께 직업 및 진로결정이 되어야 한다는 압박감을 주는 것은 내담자를 위축시킬 수 있어 바람직하지 않다.

54 다음 중 직업상담에 대한 설명으로 틀린 것은?

① 직업상담은 진로상담에 비해 좁은 의미를 내포한다.

② 직업상담은 어린 아이부터 은퇴한 70세 이상의 노인을 대상으로 한다.

③ 직업적응은 예언과 발달이라는 목적을 지니고 있다.

④ 직업적응은 직업상담과 산업상담의 영역이기도 하다

> **NOTE** 직업상담의 영역은 직업선택시기에서 은퇴 후까지이다.

◦ **Answer** ◦
52.② 53.③ 54.②

55 효과적인 상담진행에 장애가 되는 면담 태도는?

① 내담자와 유사한 언어를 사용하는 태도
② 분석하고 충고하는 태도
③ 비방어적 태도로 내담자를 편안하게 만드는 태도
④ 경청하는 태도

> **NOTE** 상담자와 내담자는 1:1의 동등한 관계이어야 한다.
> 분석하고 충고하는 태도는 상담을 실패로 끝나게 하는 대표적인 원인이다.

56 직업상담의 목적으로 옳지 않은 것은?

① 내담자가 이미 잠정적으로 선택한 진로결정을 확고하게 해주는 것이다.
② 개인의 직업목표를 명백히 해주는 과정이다.
③ 내담자가 자기 자신과 직업세계에 대해 알지 못했던 사실을 발견하도록 도와주는 것이다.
④ 내담자가 최대한 고소득 직업을 선택하도록 돕는 것이다.

> **NOTE** 직업상담의 목적(crites) … 직업선택, 의사결정기술의 습득, 일반적 적응능력의 고양

57 직업상담의 문제유형 중 보딘(Bordin)의 분류에 해당하지 않는 것은?

① 의존성
② 확신의 결여
③ 선택에 대한 불안
④ 흥미와 적성의 모순

> **NOTE** ④ 흥미와 적성의 모순은 윌리암슨(Williamson)의 문제유형 분류에 해당된다.

───◦ **Answer** ◦───
55.② 56.④ 57.④

58 다음 중 직업상담 영역이 아닌 것은?

① 직업일반상담   ② 직업건강상담

③ 취업상담   ④ 실존문제상담

> **NOTE** 직업상담의 영역 … 직업선택의 의사결정, 직업준비를 위한 일반직업상담, 취업을 위한 취업상담, 취업 후 적응을 위한 직업적응상담, 직업전환을 위한 직업전환상담, 건강한 직업생활을 유지하기 위한 직업건강상담, 진로발달과 직업문제를 치료하는 직업문제치료, 퇴직 후의 진로를 위한 은퇴상담 등

59 직업상담 프로그램에서 가장 중요하고 기본적인 프로그램은?

① 직업세계 이해 프로그램

② 직업 복귀 프로그램

③ 자신에 대한 탐구 프로그램

④ 취업활동 효율성 증진 프로그램

> **NOTE** 직업상담 프로그램에서의 기본적 프로그램의 순서
> ㉠ 자기 자신에 대한 이해
> ㉡ 직업세계에 대한 이해
> ㉢ 과학적 조언에 의한 의사결정(매칭)

60 집단상담의 장점과 가장 거리가 먼 것은?

① 시간과 경제적인 측면에서 효율적이다.

② 타인과 상호교류를 할 수 있는 능력이 개발된다.

③ 개인상담보다 심층적인 내면의 심리를 다루기에 더 효율적이다.

④ 내담자들이 개인상담보다 더 쉽게 받아들이는 경향이 있다.

> **NOTE** 심층적인 내면의 심리를 다루기에는 개인상담이 더 효율적이다.

○ **Answer** ○
58.④   59.③   60.③

61 직업상담의 문제유형 중 윌리암슨(Williamson)의 분류에 해당하지 않는 것은?

① 직업 무선택
② 직업선택의 확신부족
③ 정보의 부족
④ 현명하지 못한 직업선택

> **NOTE** 윌리암슨의 문제분류⋯ 직업 무선택, 진로선택 불확실, 흥미와 적성의 차이, 둔한(현명하지 못한) 진로선택

62 상담자는 내담자와 상담한 내용에 대해 비밀을 보장해야 하지만 상담자가 보고를 해야 하는 상황도 있다. 다음 중 상담자가 보고할 의무가 없는 상황은?

① 내담자가 적개심이 강할 때
② 가족을 폭행할 때
③ 내담자가 범법행위를 했을 때
④ 미성년자로 성적인 학대를 당한 희생자일 때

> **NOTE** 상담자의 비밀보장의무는 내담자 및 그 내담자의 주변인 그리고 사회적으로 불이익을 주지 않는 범위 내에서 이루어지며, 내담자의 적개심은 상담과정에서 일어날 수 있는 저항의 한 형태로서 보고해야 할 정도의 위급한 상황은 아니다.

63 직업을 전환하고자 하는 내담자에게 반드시 우선적으로 탐색해야 할 사항은?

① 변화에 대한 인지능력
② 새로운 직업에서의 성공기대 수준
③ 직업상담에 대한 기대
④ 기존에 가지고 있던 직업에 대한 애착 수준

> **NOTE** 직업상담 이전에 인지적 명확성이 선행되어야 하며 직업을 전환하고자 하는 내담자라면 변화에 대하여 인지를 제대로 하고 있는지 여부에 대해 탐색해야 한다.

Answer

61.③ 62.① 63.①

64 직업상담사의 역할과 가장 거리가 먼 것은?

① 직업정보의 수집 및 분석
② 직업관련 이론의 개발 및 강의
③ 직업관련 심리검사의 실시 및 해석
④ 구인, 구직, 직업적응, 경력개발 등 직업관련 상담

> **NOTE** 직업상담사의 역할
> ㉠ 상담자 : 직업과 관련해서 노동관계법규나 고용보험법 등에 대한 정보, 직업세계 정보, 미래 각광받는 직업 정보, 구인 정보 등을 제공한다. 이와 같은 정보를 바탕으로 상담자와 내담자는 개방적인 의사소통을 통해서 내담자가 의사결정을 하는 데 도움을 줄 수 있도록 상담활동을 수행한다.
> ㉡ 해결자 : 직업과 관련된 문제를 가지고 있는 내담자에게 문제를 인지하도록 도와주고 그 문제를 해결하도록 도와주는 역할을 수행한다.
> ㉢ 지원자 : 직업과 관련된 정보를 통해서 막연해하는 내담자에게 구체적이고 명확한 의사결정을 할 수 있도록 도와주는 역할을 수행한다.
> ㉣ 기타 : 조언자, 정보 분석자, 협의자, 관리자 등의 역할을 수행한다.

65 다음 중 직업상담의 기본원리에 대한 설명으로 옳지 않은 것은?

① 직업상담에서 가장 핵심적인 요소는 개인의 심리적 · 정서적 문제의 해결이다.
② 직업상담은 진로발달이론에 근거하여야 한다.
③ 직업상담은 개인의 특성을 객관적으로 파악한 후, 직업상담자와 내담자 간의 신뢰관계(Rapport)를 형성한 뒤에 실시하여야 한다.
④ 직업상담은 각종 심리검사를 활용하여 그 결과를 기초로 합리적인 결과를 끌어낼 수 있어야 한다.

> **NOTE** 직업상담의 기본원리
> ㉠ 진학과 직업선택에 초점을 맞추어 전개되어야 한다.
> ㉡ 개인의 특성을 객관적으로 파악한 후 상담자와 내담자 간의 라포의 형성을 거쳐야 한다.
> ㉢ 진로발달이론에 근거하며 진로발달이 진로상담에 영향을 미친다. 라포가 형성된 관계 속에서 이루어져야 한다.
> ㉣ 변화하는 직업세계의 이해와 진로정보 활동을 중심으로 개인과 직업의 연계성을 합리적으로 연결시키는 과정과 합리적 방법 이용에 초점을 두어야 한다.
> ㉤ 각종 심리검사의 결과를 기초로 합리적인 결과를 끌어낼 수 있도록 도와주는 역할을 해야 한다.
> ㉥ 상담윤리강령에 따라 전개되어야 한다.
> ㉦ 진로의사결정 과정을 도와주어야 한다.

Answer
64.② 65.①

66 직업상담사의 자질요건 중 '상담업무를 수행하는 데 가급적 결함이 없는 성격을 갖춘 자'이어야 하는데 이에 대한 설명으로 옳지 않은 것은?

① 지나칠 정도의 동정심
② 순수한 이해심을 가진 신중한 태도
③ 건설적인 냉철함
④ 두려움이나 충격에 대한 공감적 이해력

> **NOTE** 직업상담사는 지나치지 않은 동정심을 가져야 한다.

67 직업상담사의 역할이 아닌 것은?

① 직업정보분석
② 각종 심리검사 실시 및 해석
③ 직업지도 프로그램 운영
④ 취업알선 및 봉급조정

> **NOTE** 봉급은 구인자가 구직자의 능력과 경력 등을 평가하고 일정한 기준에 의해서 제시하는 것이다.

68 갑자기 구조조정 대상이 되어 직장을 떠난 40대 후반의 남성이 상담을 받으러 왔다. 전혀 눈 마주침도 못하고 상당히 위축되어 있는 상태이고 미래에 대한 불안감을 호소하고 있다. 이 내담자를 상담한다면 가장 먼저 해야할 것은?

① 관계 형성
② 상담자의 전문성 소개
③ 상담 구조 설명
④ 과제 부여

> **NOTE** 제시된 사례는 내담자가 심리적으로 위축되어 있으므로 상담자는 내담자를 이해해주고 성실한 자세로 그의 불안을 경청하는 등 촉진적인 관계를 형성하는 것이 중요하다.

○ **Answer** ○
66.① 67.④ 68.①

69 직업의식은 3가지 양식으로 표상되는데 이것에 포함되지 않는 것은?

① 가치
② 동기
③ 태도
④ 의견

> **NOTE** 직업윤리는 직업에 대한 건전한 가치관과 태도, 인식 등으로 형성된다.

70 다음 중 상담의 목적과 가장 거리가 먼 것은?

① 문제의 해결
② 의사결정능력의 함양
③ 행동의 변화
④ 인간관계의 형성

> **NOTE** 상담의 목적
> ㉠ 문제의 해결
> ㉡ 정신건강의 증진
> ㉢ 의사결정능력의 함양
> ㉣ 행동의 변화
> ㉤ 내담자의 잠재적 효율성 촉진

71 다음 상담자의 자질 중 전문적 자질에 해당하는 것은?

① 내담자에 대한 존경심
② 감정의 통제
③ 직업정보 분석능력
④ 자아의식의 확립

> **NOTE** 자아의식의 확립, 원숙한 적응상태, 감정의 통제는 상담자의 인간적 자질에 해당한다.

○ **Answer** ○
69.② 70.④ 71.③

72 다음 중 상담이론과 대표적인 학자의 연결이 옳은 것은?

① 정신분석 상담이론 – 로저스
② 행동주의 상담이론 – 크룸볼츠
③ 교류분석 상담이론 – 앨리스
④ 인간중심 상담이론 – 스키너

> **NOTE** 상담이론과 대표학자
> ㉠ 정신분석 상담이론 : Freud
> ㉡ 행동주의 상담이론 : Bandura, Krumboltz
> ㉢ 인간중심 상담이론 : Rogers
> ㉣ 지시적 상담이론 : Williamson, Patterson
> ㉤ 교류분석 상담이론 : Berne
> ㉥ 논리요법 상담이론 : Ellis

73 다음 중 상담자와 내담자의 인간적인 관계를 가장 중요시한 학자는?

① 프로이드(Freud)
② 울프(Wölpe)
③ 로저스(Rogers)
④ 스키너(Skinner)

> **NOTE** 로저스의 인간중심 상담이론은 상담자와 내담자의 인간적인 관계를 중요시한다.

74 인간의 행동이 자연현상과 마찬가지로 일정한 법칙성을 지니고 있다고 가정하는 상담이론은?

① 정신분석 상담이론
② 행동주의 상담이론
③ 인간중심 상담이론
④ 실존주의 상담이론

> **NOTE** 행동주의 상담이론에서는 인간은 사회·문화적 조건에 의해 구성·결정되며, 행동은 배워서 습득된다고 주장한다.

Answer

72.② 73.③ 74.②

75 상담의 전개과정을 12단계로 나누어 제시한 학자는?

① Brammer
② Parsons
③ Rosers
④ Williamson

> **NOTE** Rosers는 상담의 과정을 12단계로 나누어 요약하였다.

76 상담과정에서 내담자가 보이는 침묵 가운데 가장 생산적인 것은?

① 혼돈으로 인한 침묵
② 탐색으로 인한 침묵
③ 사고의 중단으로 인한 침묵
④ 저항으로 인한 침묵

> **NOTE** ② 탐색으로 인한 침묵은 문제해결방법을 구상하는 창조의 순간이다.

77 다음 중 탐색의 단계에서 성취되어야 할 목표가 아닌 것은?

① 상담목표달성을 위한 방법과 절차를 결정한다.
② 가장 적합한 방법을 확정해 실천한다.
③ 문제해결을 위한 변화의 종류를 분명히 한다.
④ 관계를 유지하고 향상시킨다.

> **NOTE** ② 탐색이 끝난 후 견고화의 단계이다.

---

78 다음 중 논리요법 상담이론에 관한 설명으로 옳지 않은 것은?

① 고도의 교훈적 · 인지적 · 행동지향적인 요법이다.
② 인간에게는 이성적으로 사고할 수 있는 잠재성이 없다.
③ 내담자의 인지를 수정하는데 유용하다.
④ 상담자는 교사로서 내담자는 학생으로서 역할을 한다.

> **NOTE** ② 인간은 이성적으로 사고할 수 있는 잠재성을 가지고 태어나는 반면에 왜곡된 사고의 경향도 가지고 태어난다.

79 위기상담 시 상담내용에 관한 설명으로 틀린 것은?

① 정서적 지원을 제공한다.
② 정서 발산을 자제하게 한다.
③ 희망과 낙관적인 태도를 전달한다.
④ 위기 문제에 집중하도록 선택적인 경청을 한다.

> **NOTE** ② 위기상담은 자연재해나 극심한 심리적 고통(배우자나 자녀의 죽음, 자살충동, 지진에 따른 스트레스 등)과 같이 자신의 대처능력을 벗어난 매우 힘든 상황(위기 상황)에 신속한 해결이 요구되는 상담이다. 내담자를 안정시키고 정서 발산을 하도록 하여 즉각적인 정서적 지원이 이루어지도록 하는 것이 중요하다.

직업상담이론

1 윌리엄슨(E. Williamson)의 특성-요인 진로상담에서 진로선택의 네 가지 범주에 대한 설명 중 옳지 않은 것은?

2021 국가직 9급

① 불확실한 선택 : 내담자가 자신의 결정에 대하여 의심을 나타내는 것

② 진로 무선택 : 내담자가 자신의 선택의사를 표현할 수 없고, 자신이 무엇을 원하는지조차 모른다고 대답하는 것

③ 현명하지 못한 선택 : 내담자의 능력과 직업이 요구하는 것이 일치하지 않는 것

④ 흥미와 적성 간의 모순 : 내담자 자신이 수행에 필요한 충분한 능력을 가지고 있지 않은 직업을 결정하는 것

> **NOTE** Williamson의 변별진단 4가시 유형 : 득성-요인 직업상담 접근을 주장하는 대표적인 학자로, 진로 상담과 관련된 문제 유형의 분류를 시도했다.
> ㉠ 무선택(선혀 선택하지 않음) : 내남사가 진로를 선택한 바 없거나 어느 것을 선택할지 모르는 경우로 자신이 무엇을 원하는지조차 모르는 상태
> ㉡ 불확실한 선택(확신이 없는 결정, 미결정) : 진로를 선택했지만 자신의 결정에 대한 확신이 없으며 의심을 나타내는 상태
> ㉢ 현명하지 못한(어리석은) 선택 : 동기나 능력이 낮으면서 높은 동기와 능력을 필요로 하는 직업을 선택한 경우처럼 적성과 맞지 않은 직업을 선택한 상태
> ㉣ 흥미와 적성 간의 불일치(모순) : 흥미가 있는 직업에 적성이 없거나 적성에 맞는 직업에 흥미가 없는 경우처럼 흥미나 능력과 다른 직업분야를 선택한 상태

◦ Answer ◦

1.④

2 현실치료에서 우볼딩(R. Wubbolding)이 실천계획의 효율적 달성을 위해 제시한 계획의 구성요소가 아닌 것은?

2021 국가직 9급

① 달성 가능해야 한다(attainable).

② 복합적이어야 한다(complex).

③ 측정할 수 있어야 한다(measurable).

④ 즉시 할 수 있어야 한다(immediate).

> **NOTE** 우볼딩(R. Wubbolding)의 실천계획의 효율적 달성을 위한 계획 7가지 요소(SAMIC3)
> ㉠ 단순(simple)
> ㉡ 달성가능(attainable)
> ㉢ 측정가능(measurable)
> ㉣ 즉시성(immediate)
> ㉤ 통제(controlled)
> ㉥ 일관성(consistent)
> ㉦ 이행 약속(committed)

3 진로정보처리이론에서 진로선택에 포함된 중요한 인지영역을 기술하기 위해 사용되는 진로정보처리 영역 피라미드의 구성요소가 아닌 것은?

2021 국가직 9급

① 자기 지식 : 가치, 흥미, 기술

② 진로의사결정 기술 : 개인이 결정을 어떻게 하는가를 이해하는 것

③ 진로정보 평가 : 진로 정보를 조정하고 관리하는 것

④ 초인지 : 진로의사결정 과정 전체를 조망할 수 있는 능력

> **NOTE** 진로정보처리 영역 피라미드
> ㉠ 최하위 과정
> • 자신에 대한 지식(자기지식 영역) : 직업선택과 관련하여 자신의 흥미, 기술, 가치 등 자신에 대한 이해가 필수적 요소이다.
> • 직업에 대한 지식(직업지식 영역) : 자신의 흥미, 기술, 가치관 등에 적합한 직업을 선택하기 위해서는 직업에 대한 구체적인 정보가 반드시 있어야 한다.
> ㉡ 중간 과정 : 진로의사결정 과정(CASVE ; 의사결정기술 영역)
> ㉢ 최상위 과정 : 초인지 단계(자신의 의사결정과정 전체를 조망할 수 있는 능력)

Answer
2.② 3.③

4 다음의 진로선택이론에 해당되는 진로상담 방안으로 옳은 것은?

2021 국가직 9급

> 진로선택에 영향을 미치는 요인을 '선천적으로 타고난 능력', '환경적 조건과 사건', '학습경험', '과제 접근기술'로 구분하였다.

① 내담자들이 진로문제 해결을 하기 어렵게 만드는 신념을 명료화하도록 돕는다.

② 개인−환경 간의 지각된 부조화를 감소시킬 수 있도록 돕는다.

③ 타협의 불가피성을 수용하도록 돕는다.

④ 생애역할정체감과 생애가치를 명확히 하도록 돕는다.

> **NOTE** ② 직업적응이론 : 데이비스(Dawis) & 롭퀴스트(Lofquist)
> ③ 직업포부발달이론 : 갓프레드슨(Gottfredson)
> ④ 진로발달이론 : (Super)
> ※ 진로선택에 영향을 주는 요인(진로결정 요인)
> ㉠ 유전적 요인과 특별한 능력 : 진로(직업)선택을 제한하는 타고난 특질로 인종, 성별, 신체적 모습 등
> ㉡ 환경적 조건과 사건 : 진로(직업)에 영향을 주는 환경에서의 특정한 조건, 사고 등
> ㉢ 학습경험 : 교육적 · 직업적 의사결정에 미치는 과거의 학습경험
> ㉣ 과제접근 기술 : 환경을 이해하고 대처하며 미래 예측 능력이나 경향

5 밀러−티드만(A. Miller−Tiedeman & D. Tiedeman)의 진로의사결정이론에 대한 설명으로 옳지 않은 것은?

2021 국가직 9급

① 사람들이 정보를 처리하고 그러한 과정을 통해 의사결정을 할 수 있다고 가정하였다.

② 자기 내면에 귀 기울이기의 중요성을 강조하면서 사적 현실과 공적 현실을 구분하였다.

③ 자신의 삶과 진로 의사결정을 이해하기 위한 일곱 가지 주제(변화, 균형, 에너지, 공동체, 소명, 조화, 일체감)를 제시하였다.

④ 내담자 생애진로에 영향을 미치는 진로의사결정에 있어서 내담자의 역할을 중시하였다.

> **NOTE** ③ 타이드만(Tiedeman)과 오하라(O'Hara)는 진로결정이론에서 직업정체감 형성과정을 예상기와 이행기로 나누고 이를 다시 7단계로 설명하였다.

◦ Answer ◦
4.① 5.③

6 다음 설명에 해당하는 직업적응이론의 개념은?

2021 국가직 9급

- 직업 환경이 개인의 욕구를 얼마나 채워 주고 있는지에 대한 개인의 평가
- 개인이 수행하는 일에 대한 조화의 내적 지표
- 개인의 욕구에 대한 작업 환경의 강화가 적절하면 상승

① 반응(reaction)　　　　　　　　② 만족(satisfaction)
③ 적응(adaptation)　　　　　　　④ 충족(satisfactoriness)

> **NOTE** 직업적응이론(TWA, Theory of Work Adjustment) : 직업적응에서 만족과 충족이라는 중요한 개념을 말하고 있다. 개인 욕구의 만족과 직업환경 요구의 충족은 개인-환경의 조화를 나타내는 2가지 지표이다.
> ㉠ 만족 : 직업환경이 개인 욕구를 얼마나 채워주고 있는지에 대한 개인의 평가로서, 개인이 수행하는 일에 대한 조화의 내적 지표이다. 개인 욕구에 대한 작업환경의 강화가 적절하게 이루어지면 만족은 상승한다.
> ㉡ 충족 : 직업환경이 요구하는 과제와 개인의 능력과 관련된 개념으로, 개인이 수행하는 일에 대한 조화의 외적 지표이다. 개인이 직업환경 요구 과제 수행능력을 가지고 있으면 직업환경 요구가 충족된다.

7 사회인지진로이론(SCCT)의 주요 요인에 대한 설명으로 옳지 않은 것은?

2021 국가직 9급

① 자기효능감 요인은 특정 행동 또는 활동을 수행할 수 있는 능력을 의미한다.
② 결과기대 요인은 특정 행동의 수행에서 얻게 될 성과에 대한 개인의 예측을 의미한다.
③ 목표 요인은 특정 행동에 몰입하거나 미래의 성과를 이루겠다는 결심을 의미한다.
④ 근접맥락 요인은 진로 선택의 시점에 비교적 직접적으로 작용하는 환경 요인을 의미한다.

> **NOTE** ① 자기효능감 요인은 자신이 과업을 수행하여 성과를 얻기 위해 필요한 행동을 실행해 내는 자신의 능력에 대한 신념을 말하며 인간행동의 동기가 된다.
> ※ Bandura 사회인지이론(SCCT, Social Cognitive Career Theory) : 인간은 사회적인 상황 속에서 내적 · 인지적 과정과 환경적 영향력 간의 상호작용을 통해서 결정된다는 이론으로, 행동학습에 관심을 갖고 인간행동의 상호결정론과 행동의 습득에서 관찰학습의 중요성을 강조한다. 상호결정론의 3가지 요인으로 개인과 신체적 속성, 외형적 행동, 외부 환경을 주장하며, 이들 관계는 상호적이라고 말한다.

Answer

6.② 7.①

8 갓프레드슨(L. Gottfredson)의 제한-타협이론에서 타협의 과정과 원리에 대한 설명으로 옳지 않은 것은?

2021 국가직 9급

① 타협의 중요한 측면들로 성역할, 사회적 지위, 흥미를 제시한다.

② 한 개인이 가능한 진로 중에서 받아들일 수 없는 직업을 제거한다.

③ 타협에 대한 심리적 적응 과정의 중요성을 강조한다.

④ 자신이 선택한 직업 영역에 맞게 자신의 진로 기대를 변화시켜 나가도록 돕는다.

> **NOTE** 갓프레드슨(L. Gottfredson)의 제한-타협이론(직업포부발달이론)
> ㉠ 개요 : 사람들은 직업을 선택할 때 자아개념의 발달에 따라 자아 이미지에 맞는 직업을 선택한다는 이론이다. 직업포부발달 과정을 설명하기 위해 한계(제한)와 절충(타협)의 원리를 제시했다. 한계(제한)는 자아개념과 일치하지 않는 직업을 배제하고, 절충(타협)은 한계(제한)를 통해 선택된 직업 대안 중에서 극복하지 못하는 문제를 가진 직업은 어쩔 수 없이 포기한다는 내용이다.
> ㉡ 직업포부발달단계
> • 힘과 크기 지향성(3~5세) : 사고과정이 구체화되며, 어른이 된다는 것의 의미를 알게 된다. 자신이 생각하는 직업에 대해 긍정적인 입장을 가진다.
> • 성역할 지향성(6~8세) : 자아개념이 성의 발달에 의해 영향받는다. 남녀 성역할에 바탕을 둔 직업선호를 가진다.
> • 사회적 가치 지향성(9~13세) : 사회계층에 대한 개념이 생기고, 자아 인식과 직업의 사회적 지위와 직업수준에 대한 이해를 한다.
> • 내적 고유한 자아(내적가치) 지향성(14세 이후) : 자아인식이 발달하고 타인에 대한 개념이 생긴다. 흥미, 성격, 능력에 맞는 직업선택을 위해 노력하고 사회계층 맥락 속에서 직업포부가 발달한다.

9 사회인지진로이론 중 선택모형에 대한 설명으로 옳은 것은?

2020 국가직 9급

① 진로포부의 제한은 근접맥락변인에서의 방해 요인을 말한다.

② 자기효능감 및 결과기대가 목표선택에 영향을 미친다.

③ 개인적 특성에 적합한 직업 환경을 찾는 데 목적을 두고 있다.

④ 개인이 이미 선택한 영역에서 추구하는 수행의 수준을 예측한다.

> **NOTE** 사회인지진로이론은 반두라의 사회인지이론을 직업심리학에 적용한 것으로 직업흥미가 어떻게 발달하고, 진로선택이 어떻게 이루어지며, 수행수준이 어떻게 결정되는지 알아보는 이론이다.
> ② 선택모형에서 개인차와 그를 둘러싼 환경은 학습경험에 영향을 주고, 학습경험이 자기효능감과 결과기대에 영향을 주며, 자기효능감과 결과기대는 흥미에 영향을 미치고 흥미는 목표선택에 영향을 미친다.

○ **Answer** ○
8.② 9.②

10 코크란(L. Cochran)의 내러티브 직업상담에 대한 설명으로 옳은 것은?

2020 국가직 9급

① 진로양식면접(Career Style Interview)을 주로 활용한다.
② 직업상담 과정은 7개 에피소드를 포함한다.
③ 주요 개념은 개인의 욕구 및 일이 제공하는 보상과 관련된 직업가치이다.
④ 발달과업을 체계화하는 데 슈퍼(D. Super)의 생애단계이론을 차용하였다.

> **NOTE** 코크란의 내러티브 직업상담은 내담자들의 삶과 직업역할에 대한 이야기를 통해 직업관이나 진로관을 파악하는 방법이다. 직업상담 과정은 진로에 대한 문제를 설명하는 에피소드, 생애사를 구성하는 에피소드, 미래를 그려보는 에피소드, 실재를 구축하는 에피소드, 삶의 구조를 변화시키는 에피소드, 역할을 실행해보는 에피소드, 의사결정을 확고히 하는 에피소드를 포함한다.

11 사비카스(M. Savickas)가 제안한 구성주의 진로 이론의 주요 개념으로 옳지 않은 것은?

2020 국가직 9급

① 진로적응도(career adaptability)
② 직업적 성격(vocational personality)
③ 생애주제(life theme)
④ 직업인지지도(cognitive map of occupations)

> **NOTE** 구성주의 진로 이론의 주요 개념
> ㉠ 직업적 성격(vocational personality) : 진로와 관련된 각 개인의 능력, 욕구, 가치, 흥미 등을 의미한다.
> ㉡ 진로적응도(career adaptability) : 진로변화나 직업 환경에 적응하는 과정에서 필요한 개인의 태도, 능력, 행동 등을 의미한다.
> ㉢ 생애주제(life theme) : 개인은 직업을 선택함으로서 자아개념을 구체화하고 일을 통해 자신을 드러낸다. 그래서 사비카스는 개인의 생애주제를 담은 개인의 진로 관련 경험담을 듣는 것이 중요하다고 강조하였다.

─── ○ **Answer** ○ ────────────────────
10.② 11.④

12 다음 설명에 해당하는 슈퍼(D. Super)의 진로발달과업은?

2020 국가직 9급

> • 직업에서 실제 일을 수행하고 재능을 활용함으로써 진로선택이 적절한 것임을 보여 주고 자신의 위치를 확립함
> • 조직문화에 적응하고 일과 관련된 의무들을 조직이 요구하는 수준으로 수행함으로써 자신의 직업 지위를 정착시킴

① 결정화(crystallization)
② 안정화(stabilization)
③ 실행화(implementation)
④ 구체화(specification)

NOTE 슈퍼(D. Super)의 진로발달과업
ⓐ **결정화** : 자원의 인식, 유관성, 흥미, 가치, 선호하는 직업에 대한 계획 인식을 통해 일반적 직업목표를 형성하는 인지적 과정 단계
ⓑ **구체화** : 특정 직업선호에 따라 일시적 직업선호도를 갖게 되는 기간
ⓒ **실행화** : 직업선호에 따른 훈련을 마치고 취업을 하게 되는 기간
ⓓ **안정화** : 적절한 실제 일의 경험과 재능을 사용함으로서 선호하는 커리어를 확고히 하는 기간
ⓔ **공고화** : 승진, 지위, 선임자가 되면서 커리어를 확립하는 기간

13 크럼볼츠(J. Krumboltz)의 계획된 우연이론에 대한 설명으로 옳은 것은?

2020 국가직 9급

① 내담자의 불안을 정상적인 것으로 간주한다.
② 직업상담의 주요한 목표는 내담자의 의사결정을 돕는 것이다.
③ 개인특성과 직업요건 간의 매칭을 강조한다.
④ 내담자의 부정적인 자동적 사고의 교정을 강조한다.

NOTE ① 내담자는 선택에 대한 불안을 가질 수 있기 때문에 상담자는 문제 진단뿐만 아니라 직업에 대한 정보, 가족의 태도나 반응, 구직방법 등에 관한 정보를 탐색할 수 있도록 격려하고 지지하여 내담자의 효율성을 높여 주어야 한다. 그리고 진로상담자는 내담자의 직업선택에 관한 상담뿐만 아니라 직업적 소진, 경력의 변화, 동료관계, 은퇴, 직업전환, 사회적 역할과 같은 직업과 관련된 모든 문제를 다루어야 한다.
※ 계획된 우연이론 … 크럼볼츠는 우연의 사건이 사람의 커리어에 큰 영향을 미친다고 결론짓고 스스로의 노력에 따라 긍정적으로 작용하는 경우를 '계획된 우연'이라 정의하였다.

— ○ **Answer** ○ —
12.② 13.①

14 크럼볼츠(J. Krumboltz)의 계획된 우연 모형에서 제안한 것으로, 삶에서 일어나는 우연한 일들이 자신의 진로에 유리하게 활용되도록 해 주는 기술의 종류 및 관련 설명으로 옳은 것은?

2020 국가직 9급

① 타협 – 새로운 기회가 올 때, 그것을 긍정적으로 보는 것

② 호기심 – 불확실한 결과 앞에서도 행동화하는 것

③ 융통성 – 태도와 상황을 변화시키는 것

④ 고통감내력 – 좌절에도 불구하고 노력을 지속하는 것

> **NOTE** 크럼볼츠는 평소 적극적, 긍정적으로 행동하면 '계획된 우연'이 일어날 가능성이 높다고 말하며, 이를 위해 5가지 기술이 필요하다고 했다.
> ㉠ 호기심(Curiosity) : 새로운 학습의 기회를 탐색하는 것
> ㉡ 인내심(Persistence) : 애정을 가지고 계속 노력하는 것
> ㉢ 융통성(Flexibility) : 세상을 바라보는 태도와 상황을 변화시키는 것
> ㉣ 낙관성(Optimism) : 만나는 기회를 긍정적으로 해석하는 것
> ㉤ 위험감수(Risk taking) : 불확실한 결과 앞에서도 행동화하는 것

15 인지적 정보처리(Cognitive Information Processing: CIP) 이론의 의사결정 과정에 대한 설명으로 옳지 않은 것은?

2020 국가직 9급

① C(Communication)는 문제의 원인을 명확히 하기 위한 소통의 단계이다.

② S(Synthesis)는 행동 대안을 도출하기 위해 대안을 확장하고 축소하는 단계이다.

③ V(Valuing)는 행동 대안 각각에 대해 평가하여 우선순위를 정하는 단계이다.

④ E(Execution)는 잠정적 대안을 행동으로 옮기기 위해 계획을 구상하고 실천하는 단계이다.

> **NOTE** 인지적 정보처리(Cognitive Information Processing: CIP) 이론의 의사결정 과정
> ㉠ 의사소통(Communication) : 질문을 받아들여 부호화하며 송출한다.
> ㉡ 분석(Analysis) : 개념적 틀 안에서 문제를 찾아 분류한다.
> ㉢ 통합(Synthesis) : 일련의 행위를 형성한다.
> ㉣ 평가(Valuing) : 문제해결을 위한 대안에 가치를 매겨 평가한다.
> ㉤ 실행(Execution) : 전략을 통해 계획을 실행한다.

─○ **Answer** ○─

14.③ 15.①

16 긴즈버그(E. Ginzberg)의 진로발달이론에서 일이 요구하는 조건을 점차적으로 인식하고, 자신의 흥미, 능력, 가치 등에 대한 인식을 확대해 가는 시기는?

2019 국가직 9급

① 환상기(fantasy period)

② 잠정기(tentative period)

③ 현실기(realistic period)

④ 완숙기(mature period)

> **NOTE** 긴즈버그의 진로발달이론
> ㉠ 환상기(6~11세) : 직업에 대한 인식이 발달하기 시작하며, 자신이 원하는 직업에 대한 환상을 갖고 추구하기 시작한다. 현실적인 여건을 고려하지 않으며 주로 놀이와 상상을 통해 직업에 대해 생각한다.
> ㉡ 잠정기(11~17세) : 자신이 추구하는 직업이 요구하는 조건을 점차적으로 인식하고, 자신의 흥미, 능력, 가치 등에 대한 인식을 확대해 가는 시기로, 이 시기의 직업에 대한 진로는 흥미→능력→가치→전환의 과정을 거쳐 발달하게 된다.
> ㉢ 현실기(17세 이후) : 자신이 갖고 있는 직업적 요구사항과 능력이 원하는 직업에서 요구하는 조건들과 어느 정도 부합하는지를 판단하여 직업을 선택한다.

17 경력개발에 대한 수퍼(D. Super)의 이론에 대한 설명으로 옳지 않은 것은?

2019 국가직 9급

① 탐색단계는 맨 처음 나타나는 단계로, 대부분의 사람은 자신의 흥미, 태도 및 가치관을 탐색하게 된다.

② 확립단계는 20대 중반 이후에 나타나는 단계로, 대부분의 사람은 자신에게 적합한 특정 조직에 취업하게 된다.

③ 유지단계에서는 대부분의 사람이 자신의 직업에 정착하게 된다.

④ 각 단계에서의 욕구(needs)와 과제에 관심을 갖고, 단계별로 적절한 프로그램과 접근방법을 활용해야 한다.

> **NOTE** ① 맨 처음 나타나는 단계는 성장기이다.
> ※ 수퍼의 진로발달이론
> ㉠ 성장기(출생~14세) : 환상기 → 흥미기 → 능력기
> ㉡ 탐색기(15~24세) : 잠정기 → 전환기 → 시행기
> ㉢ 확립기(25~44세) : 시행기 → 안정기
> ㉣ 유지기(45~64세)
> ㉤ 쇠퇴기(65세 이상)

Answer

16.② 17.①

18 하렌(V. Harren)의 진로의사결정이론에 근거할 때 다음의 특징을 지닌 내담자의 유형은?

2019 국가직 9급

- 의사결정에 대한 개인적 책임을 부정하고 그 책임을 외부로 돌린다.
- 의사결정과정에서 타인의 영향을 많이 받는다.
- 사회적 인정에 대한 욕구가 높은 편이다.

① 직관적 유형(intuitive style)
② 의존적 유형(dependent style)
③ 즉흥적 유형(spontaneous style)
④ 진로미결정형(the undecided)

NOTE 제시된 내용은 의존적 의사결정 유형에 대한 설명이다. 의존적 의사결정 유형은 본인의 의사결정 중심이 타인에 있다. 즉, 다른 사람에게 관심을 쏟고 그들이 중요하게 여기는 부분에 대해서 의사결정이 이루어진다.

19 다음에서 설명하는 직업상담이론은?

2019 국가직 9급

- 흥미는 행동의 기준을 설정하는 데 절대적으로 작용하지 않기 때문에 진로결정과정에서 큰 역할을 하지 않는다.
- 이 관점을 지닌 대표적인 학자는 브라운(D. Brown)이다.
- 유전적 요인, 환경적 요인 모두와 관련이 있다.

① 직업적응이론
② 가치중심적 진로이론
③ 진로정보처리이론
④ 맥락주의 진로이론

NOTE 제시된 내용은 가치중심적 진로이론에 대한 설명으로, 가치중심적 진로이론은 인간의 기능이 자신의 가치 지향성에 의해 큰 영향을 받음으로써 형성된다고 주장한 브라운의 견해에 기반한다.

○ **Answer** ○
18.② 19.②

20 보딘(E. Bordin)의 이론에서 내담자의 문제영역에 해당되지 않는 것은?

2019 국가직 9급

① 확신의 부족 문제

② 흥미와 적성의 모순 문제

③ 자아갈등(혹은 내적갈등) 문제

④ 의존성 문제

> **NOTE** 내담자의 문제영역
> ㉠ 의존성 문제 : 개인이 겪고 있는 문제를 스스로 책임지고 해결하지 못해 발달과업 달성에 어려움을 겪는 경우
> ㉡ 정보 부족 : 진로의사결정과 관련된 정보를 얻지 못해 어려움을 겪는 경우
> ㉢ 자아갈등 : 자아개념과 다른 심리적 기능 간의 갈등으로 인하여 진로결정에 어려움을 겪는 경우
> ㉣ 선택 불안 : 진로의 선택과 관련하여 불안을 경험하는 경우
> ㉤ 문제 없음 : 선택한 것에 대한 확신이 부족하여 상담을 하러 오는 경우

21 아들러(Adler)의 개인심리학적 상담이론에 대한 설명으로 옳지 않은 것은?

2018 국가직 9급

① 무의식이 의식보다 중요하다고 본다.

② 인간을 목적론적 존재로 본다.

③ 내담자가 사회적 관심을 갖도록 돕는다.

④ 낙담한 내담자에게 용기를 불어넣는 격려에 초점을 둔다.

> **NOTE** ① 아들러의 개인심리학적 상담이론은 개인의 탐색을 통한 통합과 자기 이해를 바탕으로 재정향하고자 한다. 따라서 무의식이 의식보다 중요하다고 보는 것은 옳지 않다.

◦ **Answer** ◦

20.② 21.①

22 다음 설명에 해당하는 로저스(Rogers) 이론의 주요 개념은?

2018 국가직 9급

> 타인의 인정을 받기 위해 긍정적인 평가를 받을 수 있는 자신의 감정·생각·행동은 표현하되, 부정적인 평가를 받을 수 있는 것은 억압하는 행동 경향성

① 투사
② 가치의 조건화
③ 비합리적 신념
④ 실현화 경향성

> **NOTE** 제시된 내용은 로저스 이론의 주요 개념 중 가치의 조건화에 대한 설명이다. 로저스에 따르면 아이들의 자아개념은 그들의 삶에서 중요한 사람들과의 상호작용과 그 사람들에게서 받는 메시지를 통해 형성된다.
> ④ 실현화 경향성은 로저스 이론의 주요 개념 중 하나로 자신을 유지하거나 성장시키는 데 도움이 되는 방향으로 자신의 모든 능력을 개발하려는 선천적 경향성을 말한다.

23 특성-요인 진로상담이론을 적용한 윌리엄슨(Williamson)의 6단계 상담과정을 순서대로 바르게 연결한 것은?

2018 국가직 9급

> 분석 – (   ) – (   ) – (   ) – 상담 – 추수지도

① 종합 – 예측 – 진단
② 종합 – 진단 – 예측
③ 진단 – 종합 – 예측
④ 진단 – 예측 – 종합

> **NOTE** 특성-요인 진로상담이론을 적용한 윌리엄슨의 상담과정은 분석 → 종합 → 진단 → 예측 → 상담 → 추수지도의 순으로 진행된다.

Answer
22.② 23.②

24 벡(Beck)의 인지치료이론에서 말하는 인지적 오류 사례를 바르게 제시한 것은?

2018 국가직 9급

① 개인화 – 내 제안에 동의하는 사람은 내 편이고, 나머지는 다 적이야.

② 긍정격하 – 나를 보고도 인사하지 않은 A는 날 싫어하는 게 분명해.

③ 과일반화 – 생전 처음 사기를 당하고 나니 세상 사람들이 다 사기꾼 같아.

④ 이분법적 사고 – 팀장님이 화가 난 것은 나 때문이야.

> **NOTE** ③ 과일반화는 한두 번의 사건에 근거하여 일반적인 결론을 내리고 무관한 상황에도 그 결론을 적용하는 오류이다.
> ① 개인화는 자신과 관련 없는 사건을 자신과 관련시켜 생각하는 성향을 말한다.
> ② 긍정격하는 긍정적인 경험이나 능력을 객관적이지 않게 깎아내려 평가절하 하는 것을 말한다.
> ④ 이분법적 사고는 흑백논리와 유사한 것으로 모든 상황을 한두 가지 범주로만 이해하는 오류이다.

25 사회인지진로이론(Social Cognitive Career Theory)에 근거한 진로상담 접근방법으로 옳지 않은 것은?

2018 국가직 9급

① 내담자가 어떤 영역에 자기효능감을 가지고 있는지 탐색해 본다.

② 우연히 발생한 일이 진로에 긍정적으로 작용하는 '계획된 우연(planned happenstance)'을 탐색한다.

③ 내담자가 자신의 진로선택에 대해서 어떤 결과를 기대하고 있는지 확인해 본다.

④ 내담자의 진로선택에 영향을 주는 진로장벽을 탐색하고 극복방안을 논의한다.

> **NOTE** 사회인지진로이론은 반두라의 사회인지이론을 직업심리학에 적용한 것으로 직업흥미가 어떻게 발달하고, 진로선택이 어떻게 이루어지며, 수행수준이 어떻게 결정되는지 알아보는 이론이다.
> ② 크롬볼츠의 우연학습이론에 대한 설명이다. 크롬볼츠는 성공한 사람들의 행운이나 성공이 우연적 요소가 있긴 하지만, 그렇다고 그냥 저절로 얻어지는 것이 아니라 행운을 부르는 5가지 요소인 호기심, 낙관성, 끈기, 융통성, 위험감수의 5가지 요인이 작동한다고 주장했다.

──────○ **Answer** ○──────

24.③ 25.②

26 직업발달이론에서 환경적 요인의 영향력을 반영한 개념으로 적절하지 않은 것은?

2018 국가직 9급

① 갓프레드슨(Gottfredson)의 진로발달이론에서 언급한 사회적 공간(social space) 개념

② 다위스(Dawis)와 롭퀴스트(Lofquist)의 직업적응이론에서 언급한 직업강화요인패턴(occupational reinforcer patterns) 개념

③ 사회인지진로이론에서 언급한 근접 영향(proximal influences) 개념

④ 홀랜드(Holland)의 유형 이론에서 언급한 성격유형의 일관성(consistency) 개념

> **NOTE** ④ 홀랜드 유형 이론에서 언급한 성격유형의 일관성은 하위유형 간의 내적 일관성을 의미하는 개념으로, 개인의 하위 흥미유형이 육각형에 가까이 나타날수록 흥미의 일관성이 높다고 본다.

27 수퍼(Super)의 진로발달이론에 대한 설명으로 옳지 않은 것은?

2018 국가직 9급

① 생애진로무지개모형은 한 개인의 생애주기에 따라 나타나는 주요 역할의 변화를 보여준다.

② 아치문 모형에서 자아개념의 발달을 개인적 요인과 환경적 요인의 상호작용으로 설명한다.

③ 한 개인의 주요 역할로 자녀, 학생, 여가(활동)인, 시민, 직업인, 배우자(혹은 부모, 가사 담당자)를 들고 있다.

④ 진로발달 단계에서 유지기의 하위 단계에는 시행 및 안정기, 승진기가 있다.

> **NOTE** ④ 시행기와 안정기는 확립기의 하위 단계이다.
> ※ 수퍼의 진로발달이론
> ㉠ 성장기(출생~14세) : 환상기 → 흥미기 → 능력기
> ㉡ 탐색기(15~24세) : 잠정기 → 전환기 → 시행기
> ㉢ 확립기(25~44세) : 시행기 → 안정기
> ㉣ 유지기(45~64세)
> ㉤ 쇠퇴기(65세 이상)

○ **Answer** ○
26.④ 27.④

28 경력개발 관련 레빈슨(Levinson)의 성인기 발달이론에 대한 설명으로 옳지 않은 것은?

2018 국가직 9급

① 인생의 주기를 성인 이전기, 성인 전기(혹은 초기), 성인 중기, 성인 후기(혹은 말기)로 구분한다.

② 각 발달시기의 특성을 인생구조(혹은 생애구조)라는 개념으로 설명한다.

③ 과도기(혹은 전환기)는 이전 시기의 삶을 재평가하고 다음 시기의 삶을 설계하는 시기이다.

④ 성인 후기는 제자나 후배를 양성하면서 배우자와 자녀와의 관계를 재정립하는 시기이다.

> **NOTE** ④ 성인 중기에 해당하는 설명이다.

29 갓프레드슨(Gottfredson)의 제한-타협이론에 대한 설명으로 옳은 것만을 모두 고른 것은?

2018 국가직 9급

㉠ 진로발달과정은 자신이 할 수 있다고 생각하는 직업의 수를 줄여가는 과정이라고 설명한다.

㉡ '타협'은 직업의 성역할, 사회적 지위, 흥미를 고려하여 자신이 선택할 직업을 조정해 가는 것을 의미한다.

㉢ 자아개념과 맞지 않는 직업을 '제한'하는 과정은 다섯 단계로 나뉘어져 있다.

㉣ '제한'의 1단계에 있는 아동은 성역할에 근거해서 직업을 구분하는 특성을 보인다.

---

① ㉠, ㉡

② ㉠, ㉣

③ ㉠, ㉢, ㉣

④ ㉡, ㉢, ㉣

> **NOTE** ㉢ 자아개념과 맞지 않는 직업을 제한하는 과정은 네 단계로 나뉜다.
> ㉣ 성역할에 근거해서 직업을 구분하는 것은 2단계이다. 1단계에 있는 아동은 규모와 힘에 근거해서 직업을 구분하는 특성을 보인다.
> ※ 제한-타협이론
> ㉠ 제1단계(3~5세) : 규모와 힘 지향
> ㉡ 제2단계(6~8세) : 성역할 지향
> ㉢ 제3단계(9~13세) : 사회적 가치 지향
> ㉣ 제4단계(14세 이상) : 내적이며 고유한 자기 경향

Answer

28.④ 29.①

30 형태주의 상담에 대한 설명으로 옳지 않은 것은?

① 인간은 과거와 환경에 의해 결정되는 존재로 보았다.

② 형태주의 상담이 개인의 발달초기에서의 문제들을 중요시한다는 점에서 정신분석적 상담과 유사하다.

③ 형태주의 상담에서는 현재상황에 대한 자각에 초점을 두고 있다.

④ 개인이 자신의 내부와 주변에서 일어나는 일들을 충분히 자각할 수 있다면 자신이 당면하는 삶의 문제들을 개인 스스로가 효과적으로 다룰 수 있다고 가정한다.

> **NOTE** ① 형태주의 상담에서는 인간을 과거와 환경에 의해 결정되는 존재가 아니라 현재의 사고, 감정, 행동의 전체성과 통합을 추구하는 존재로 보았다.

31 다음과 같은 내용을 주장한 이론가는?

> 개인이 자기개념과 일치하는 직업에 대해 포부를 형성한다고 보고, 직업포부 형성과정을 제한과 타협과정으로 설명하였다.

① 타이드만(D. Tiedeman)

② 수퍼(D. Super)

③ 긴즈버그(E. Ginzberg)

④ 갓프레드슨(L. Gottfredson)

> **NOTE** 제시된 내용은 갓프레드슨의 제한-타협이론에 대한 설명이다.
> ① 타이드만은 의사결정 과정에서 개별 과정을 중시하였으며, 개인적 경험이나 의사결정 과정에 대한 이해가 진로발달과 선택에 있어서 무엇보다도 중요하다고 하였다.
> ② 수퍼는 생애 단계와 생활공간을 하나의 모형으로 만들고, 진로발달의 생물학적 · 심리학적 · 사회경제적 결정인자에 주목하였다.
> ③ 긴즈버그는 직업선택은 발달적 과정으로서 20대 초반까지는 현실적인 선택이 이루어진다고 보았다.

Answer

30.① 31.④

32 다음 중 행동수정 방법에 대한 설명으로 옳지 않은 것은?

① 정적강화의 효과를 높이려면 내담자가 바람직한 행동을 할 때 즉각적으로 강화해 주어야 한다.

② 부적강화는 내담자가 어떤 행동을 할 때 혐오적인 성질을 띤 부적강화물을 제공하는 것을 말한다.

③ 내담자가 한 번도 해 본적이 없는 새로운 행동을 가르치는 데에는 행동형성(조성)의 방법이 효과적이다.

④ 어떤 행동을 유지시키기 위해서는 일반적으로 연속 강화보다 부분강화(간헐강화)가 더 많이 사용된다.

> **NOTE** ② 부적강화는 내담자가 바람직한 어떤 행동을 하여 혐오적인 것을 피하게 됨으로써 바람직한 행동의 발생빈도를 높인다.

33 자기주장훈련이나 체계적 둔감화는 다음 중 어떤 상담이론과 관련이 있는가?

① 행동주의 상담
② 인본주의 상담
③ 형태주의 상담
④ 개인주의 상담

> **NOTE** 행동주의 상담
> ㉠ 개념 : 내담자의 조건을 파악하여 내담자에게 영향을 미칠 수 있는 강화를 제공하여 특정 자극에 대한 바람직한 반응을 하도록 하는 과정이다.
> ㉡ 상담기법 : 체계적 둔감법, 적극성의 훈련, 혐오치료와 조작적 조건형성 등이 있다.
> ㉢ 대상 : 객관적으로 관찰 가능하고 측정가능한 행동이 대상이 된다.
> ㉣ 특징 : 치료의 성과, 진전 정도 등을 객관적으로 평가할 수 있다.

◦ **Answer** ◦
32.② 33.①

34 진로선택과 관련된 이론으로 인생초기의 발달과정을 중시하는 이론은?

① 인지적 정보처리이론
② 정신분석이론
③ 사회학습이론
④ 발달이론

> **NOTE** 정신분석이론(Freud) : 정신분석학은 인간에 대해 결정론과 무의식이라는 두 가지 개념을 기본적으로 가정하고 있다. 어렸을 때 형성된 무의식적 갈등을 자유연상이나 꿈의 해석방법을 통하여 의식화함으로써 내담자로 하여금 자신에 대한 통찰을 얻도록 하는 과정을 정신분석적 치료라고 한다.

35 상담이론과 심리적 증상의 의미가 틀리게 짝지어진 것은?

① 정신분석적 접근 – 무의식적 충동에 대처하기 위한 증상 형성
② 내담자 중심접근 – 자기와 경험의 불일치
③ 행동주의적 접근 – 충동적인 욕구에 의한 부적응적인 행동
④ 인지적 접근 – 비합리적이고 부적응적인 사고방식

> **NOTE** 충동적인 욕구에 의한 부적응적인 행동은 정신분석적 접근과 관련이 있다. 행동주의적 접근은 부적절한 학습과 관련이 있다.

○ **Answer** ○
34.② 35.③

36 인간중심 상담이론에서 상담을 성공적으로 이끌기 위해 상담자가 가져야 할 자세는?

① 온정과 수용력   ② 동정심

③ 통찰력   ④ 상담자의 감수성

> **NOTE** 인간중심 상담이론에서는 인간관계가 무엇보다 중요하다. 특히 상담자의 특성, 즉 진실성, 온정, 공감, 존경, 허용성 등의 태도가 내담자에게 소통되는 것 등이 강조된다.
>
> ※ 인간중심 상담이론의 특징
>   ㉠ 자아이론에 근거한다.
>   ㉡ 피상담자의 정서적 상태에 중점을 둔다.
>   ㉢ 피상담자가 주도적 역할을 하고 상담자는 허용적 분위기를 조성한다.
>   ㉣ 진단을 배제한다.
>   ㉤ 피상담자가 상담과정에 대한 책임을 진다.

37 Beck의 인지치료 이론에 관한 설명으로 옳은 것은?

① ABCDE 모형에 기초하여 문제를 해결해 나간다.
② 인간의 사고와 행동은 서로 밀접한 연관이 있다.
③ 인지적 오류에는 억압, 합리화, 퇴행, 투사 등이 있다.
④ 인간의 행동은 환경적 조건에 따라 결정된다.

> **NOTE** ① Ellis의 REBT에 해당하는 설명이다.
>   ② Beck에 의하면, 인간의 행동은 사고(인지)에서 나온다고 한다.
>   ③ 억압, 합리화, 퇴행, 투사 등은 정신분석적 상담 이론의 방어기제에 해당한다.
>   ④ 행동주의 상담 이론에 해당하는 설명이다.

Answer
36.①   37.②

38 행동주의 직업상담 기법 중 새로운 학습을 돕는 학습촉진기법에 해당하지 않는 것은?

① 강화
② 금지조건형성
③ 대리학습
④ 변별학습

> **NOTE** 금지조건형성은 학습촉진기법이 아니고 불안감소기법에 해당한다. 행동주의 직업상담에서 사용하는 불안감소기법으로는 체계적 둔감법, 반조건형성(역조건형성), 금지적 조건형성 등이 있다

39 비지시적 상담을 원칙으로 자아와 일에 대한 정보 부족 혹은 왜곡에 초점을 맞춘 직업상담은?

① 특성-요인 직업상담
② 행동주의 직업상담
③ 내담자 중심 직업상담
④ 정신분석적 직업상담

> **NOTE** 내담자 중심 직업상담에서는 모든 인간은 자아와 경험(일, 현실) 간의 일치성의 부족으로 고통 받고 있다고 본다. 그러나 인간은 부적응 상태를 극복하고 건강상태를 되찾을 수 있는 능력을 가지고 있다고 본다.

40 인지치료에서 다루는 인지적 오류와 그 예를 바르게 짝지은 것은?

① 선택적 추론 - 90%의 성공도 나에게는 실패
② 양분법적 논리 - 지레 짐작하기
③ 과일반화 - 영어시험을 망쳤으니 이번 시험은 망칠거야
④ 과소평가 - 요리도 못하니 난 엄마로서 자격이 없어

> **NOTE** ③ 과일반화(과잉일반화) : 한 두 건의 사건에 근거하여 일반적인 결론을 내리고 무관한 상황에도 그 결론을 적용시키는 것이다. 한두 번의 실연으로 '언제나', '누구에게나' 실연당할 것이라고 생각하는 것이 그 예이다.
> ① 90%의 성공도 나에게는 실패 - 과소평가
> ② 지레 짐작하기 - 자의적 추론
> ④ 요리도 못하니 난 엄마로서 자격이 없어 - 선택적 추상

○ **Answer** ○
38.② 39.③ 40.③

41 행동치료에서 문제 행동에 대한 대안행동이 거의 없거나 효과적인 강화인자가 없을 때 유용한 기법으로서 파괴적이고 폭력적인 행동을 치료하는 데 효과적인 것은?

① 과잉교정
② 모델링
③ 반응가
④ 자기지시 기법

> **NOTE** 과잉교정(overcorretion) … 문제행동이 발생한 직후에 보통보다 연장된 기간 동안 불쾌한 과제를 수행하도록 하거나, 문제행동을 확대해석한 더 큰 과제를 수행하도록 함으로써 문제행동을 감소 혹은 소거시키는 방법.

42 정신분석적 상담에서 내담자의 갈등과 방어를 탐색하고 이를 해석해 나가는 과정은?

① 논박
② 훈습
③ 통찰
④ 조정

> **NOTE** 훈습(working through) … 정신분석적 치료에서 사용하기 시작한 용어로서, 내담자가 자신의 내면적 문제 또는 갈등의 원인과 그 역학관계의 통찰을 꾀함으로써 일상생활 장면에서 유사한 상황에 놓이게 될 때 이를 스스로 해결하고 처리할 수 있을 때까지 치료적 장면에서 이 문제를 몇 번이고 반복해서 경험하도록 하는 재교육의 과정 혹은 치료 절차.

43 행동주의 직업상담 기법에 관한 설명으로 틀린 것은?

① 체계적 둔감화는 불안반응을 제거시키기 위해 개발된 행동수정의 기법이다.
② 증상행동에 상반되는 바람직한 행동을 강화함으로써 증상행동이 없어지거나 약화되는 방법을 쓴다.
③ 체계적 둔감화는 근육의 긴장이완, 불안위계표의 작성, 체계적 둔감의 3단계로 시행된다.
④ 변별학습은 다른 사람들의 진로결정행동이나 결과를 관찰함으로 의사결정의 학습을 촉진시킨다.

> **NOTE** ④는 관찰학습에 관한 설명이다.

44 내담자 중심의 상담과정에서 직업정보 제공시의 유의사항으로 틀린 것은?

① 내담자 스스로 얻도록 격려한다.

② 내담자의 입장에서 필요할 때 제공되어야 한다.

③ 직업과 일에 대한 내담자의 감정과 태도가 자유롭게 표현되어야 한다.

④ 내담자에게 직접적인 영향을 주거나 조작을 위하여 사용되어야 한다.

> **NOTE** 내담자 중심 상담에서의 '직업정보 활용'의 원리
> ㉠ 직업정보는 내담자의 입장에서 필요하다고 인정할 때에만 상담과정에 도입하며 상담자가 자진해서 직업정보를 제공하지 않는다.
> ㉡ 직업정보는 내담자에게 영향을 주거나 조작 또는 평가적 방법으로 사용되어서는 안 된다.
> ㉢ 직업정보 제공을 통해 내담자의 자발성과 책임감을 극대화시킬 수 있는 방법은 내담자에게 그 정보의 출처를 알려준 뒤 직접 정보를 찾도록 격려하는 것이다.
> ㉣ 직업정보 제공 후 직업과 일에 대한 내담자의 태도와 감정을 자유롭게 표현할 수 있도록 하여야 하며, 그것이 상담에 효과적으로 이용될 수 있도록 해야 한다.

45 직업상담 중 대면적 관례를 중요시하며, 내담자들로 하여금 자신의 현재 상태에 대해 인식하고 피해자적 역할로부터 벗어날 수 있도록 돕는 것은?

① 개인주의 상담

② 실존주의 상담

③ 교류분석적 상담

④ 형태주의 상담

> **NOTE** 실존주의 상담의 목표는 내담자 쪽에서 자기존재의 본질에 대하여 각성하고, 현재 자기가 경험하고 있는 정서적 장애의 원인이 자기상실 내지 논리의 불합리성에 있다는 것을 각성하게 해 주는 데에 있다.

○ **Answer** ○

44.④ 45.②

46 내담자중심 상담이론의 특징이 아닌 것은?

① 동일한 상담원리를 정상적 상태에 있는 사람이나 정신적으로 부적응상태에 있는 사람 모두에게 적용한다.

② 상담은 모든 건설적인 대인관계의 실제 사례 중 단지 하나에 불과하다.

③ 실험에 기초한 귀납적인 접근방법이며, 실험적 방법을 상담과정에 적용한다.

④ 상담의 과정과 그 결과에 대한 연구조사를 통하여 개발되어 왔다.

NOTE ③은 행동주의 상담에 대한 설명이다.

47 행동주의 접근의 상담기법 중 불안이 원인이 되는 부적응 행동이나 회피행동을 치료하는 데 가장 효과적인 기법은?

① 타임아웃 기법　　　　　　　　② 모델링 기법

③ 체계적 둔감법　　　　　　　　④ 과잉교정 기법

NOTE 체계적 둔감법(systematic desensitization) … 이완된 상태에서 불안을 발생시키는 상황들을 점진적으로 강도를 높여 상상하게 하여 이완을 연합시켜 불안을 감소 혹은 소거시키는 대표적인 행동수정 치료기법이다.

48 인지치료적 직업상담에 관한 설명으로 틀린 것은?

① 심리교육적 접근을 한다.

② 아동기 경험을 중요시한다.

③ 잘못된 생각과 신념을 수정한다.

④ 사람의 생각이 직업행동을 결정하는 데 중요한 영향을 미친다고 가정한다.

NOTE 인지치료적 직업상담에서는 아동기 경험을 중요시하지 않는다. 내담자의 현재의 삶 속에서 심리적 문제를 불러일으키는 환경적 자극과 자동적 사고를 내담자와 함께 탐색하고 조사한다.

○ **Answer** ○

46.③　47.③　48.②

49 행동주의 직업상담에서 불안을 감소시키기 위해 내담자에게 어떠한 추가적 강화 없이 충분히 불안을 일으킬 만한 단서를 반복적으로 제시함으로써 결국 불안반응을 제거하는 방법은?

① 체계적 둔감법
② 변별학습
③ 금지적 조건형성
④ 역조건 형성

> **NOTE** ① 윌펠에 의해 개발된 체계적 둔감법은 내담자로부터 불안, 공포 등을 억제시키기 위해 불안을 유발하는 자극과 역조건 형성 요인인 이완을 반복적으로 제시하는 기법
> ② 몇 가지의 대안 중에서 적절한 것을 선택하는 학습
> ④ 서로 양립하기 어려운 반응을 유발하는 자극을 포함하는 고전적 조건형성절차를 사용하여 이 조건 형성의 원치 않는 효과를 제거

50 포괄적 직업상담 프로그램은 여러 직업상담 이론들과 일반상담이론들이 갖는 장점들을 서로 절충하고 단점들을 보완하여 일관성 있는 체계로 통합시키기 위하여 Crites가 제안한 프로그램이다. 이 포괄적 직업상담 프로그램의 문제점은?

① 직업결정 문제의 원인으로 불안에 대한 이해와 불안을 규명하는 방법이 결여되어 있다.
② 직업상담의 문제 중 진학상담과 취업상담에 적합할 뿐 취업 후 직업적응 문제들을 깊이 있게 다루지 못하고 있다.
③ 직업선택에 미치는 내적 요인의 영향을 지나치게 강조한 나머지 외적 요인의 영향에 대해서는 충분하게 고려하고 있지 못하다.
④ 직업상담사가 교훈적 역할이나 내담자의 자아를 명료화하고 자아실현을 시킬 수 있는 적극적 태도를 취하지 않는다면 내담자에게 직업에 대한 정보를 효과적으로 알려 줄 수 없다.

> **NOTE** 크라이티스(Crites)의 포괄적 직업상담은 진학상담과 취업상담에 적합할 뿐 취업 후 직업적응 문제들을 깊이 있게 다루지 못하고 있다.

○ **Answer** ○
49.③ 50.②

51 정신분석적 상담이론에서 다음 내용에 해당되는 것은?

> 프로이드가 제시한 방어기제 중 가장 중요한 것으로 다른 방어기제의 기초가 되는 무의식적 과정이
> 다. 괴롭히는 욕구나 생각 또는 경험을 의식 밖으로 몰아냄으로 감정적 갈등이나 내외적인 스트레스
> 를 처리한다.

① 억압   ② 부인
③ 전치   ④ 억제

> **NOTE** ② 부인(부정) : 방어기제 중 가장 원시적인 것으로 외부적인 상황이 감당하기 어려울 때 일단 그
> 상황을 거부하여 심리적인 상처를 줄이고 효율적으로 대처하는 방어기제
> ③ 전치(치환) : 비의식적 대상에게 준 원래의 감정을 그 감정을 주어도 덜 위험한 다른 대상에게
> 로 옮기는 방어기제
> ④ 억제 : 억압과 비슷한 내용이지만 그 과정 자체가 의식되고 있기 때문에 억압보다 덜 원초임

52 특성-요인 직업상담에서 일련의 관련있는 또는 관련없는 사실들로부터 일관된 의미를 논리적으
로 파악하여 문제를 하나씩 해결하는 과정은?

① 다중진단   ② 선택진단
③ 변별진단   ④ 범주진단

> **NOTE** 특성-요인 직업상담에서 윌리암슨은 변별진단을 통해 문제유형을 분류했다.

53 행동주의 직업상담에서 내담자가 직업선택에 대해서 무력감을 느끼게 되고, 그로 인해 발생된
불안 때문에 직업결정을 못하게 되는 것을 무엇이라고 하는가?

① 무결단성   ② 우유부단
③ 미결정성   ④ 부적응성

> **NOTE** 무결단성 … 직업선택을 위한 정보나 경험은 있지만 선택에 따른 불안, 무력감 등을 이유로 직업
> 결정에 어려움을 겪는 상황을 말한다.

○ **Answer** ○
51.① 52.③ 53.①

54 다음 중 현실치료의 특징으로만 짝지어진 것은?

> ㉠ 책임감에 대한 강조
> ㉡ 과거 경험에 대한 체계적인 탐색
> ㉢ 자율적이고 합리적인 모습 강조
> ㉣ 내담자 스스로 계획수립 및 수행평가

① ㉠㉡㉢　　　　　　　　　　② ㉡㉢㉣
③ ㉠㉢㉣　　　　　　　　　　④ ㉠㉡㉣

> **NOTE** 윌리엄 글래서(W. Glasser)의 현실치료는 선택이론이라고도 한다. 이 이론은 책임성과 현재성을 강조하며 합리적 모습과 더불어 치료적 과정에 적합한 계획수립 등을 주요 기법으로 한다.

55 내담자중심 상담에서는 내담자를 3가지 자아 간의 불일치 때문에 불안을 경험하는 사람으로 간주한다. 다음 중 그 3가지 자아에 해당하지 않는 것은?

① 현실적 자아　　　　　　　　② 이상적 자아
③ 도덕적 자아　　　　　　　　④ 타인이 본 자아

> **NOTE** 인간중심 상담에서 자아간의 불일치란 현실적 자아와 이상적 자아 간의 불일치를 말하며, 왜곡적인 상황에서의 불일치는 타인에 의해 판단되는 자아가 자신의 이상적 자아와의 부적응적 문제가 발생한다고 보았다.

56 작업동기를 설명하는 강화이론의 주장이 아닌 것은?

① 사람이 일을 하는 것은 보상이 뒤따르기 때문이다.
② 모든 사람에게 똑같이 보상을 할 때 작업동기가 커진다.
③ 보상이 지연되면 작업동기가 줄어든다.
④ 간헐적인 보상을 주면 작업동기가 유지된다.

> **NOTE** 모든 사람에게 똑같이 보상을 할 때 작업동기가 낮아진다.

─── ◦ **Answer** ◦ ───
54.③　55.③　56.②

57 Crites는 내담자들이 경험하는 문제의 유형들에 대해 독립적이고 상호 배타적인 진단체계를 고안하였다. 다음 중 이 진단체계에 해당하지 않는 문제유형은?

① 적응문제

② 우유부단의 문제

③ 비현실성의 문제

④ 현명하지 못한 선택의 문제

> **NOTE** Crites의 문제유형 분류
> ㉠ 적응형
> ㉡ 부적응형
> ㉢ 다재다능형
> ㉣ 우유부단형
> ㉤ 비현실형
> ㉥ 불충족형
> ㉦ 강압형

58 Crites는 흥미와 적성을 3가지 변인과 관련지어 포괄적 진단체계를 개발하였다. 다음 중 3가지 변인에 해당하지 않는 것은?

① 충족성   ② 적응성

③ 결정성   ④ 현실성

> **NOTE** 크라이티스(Crites)는 적응성, 결정성, 현실성의 문제 3가지 변인으로 하여 직업상담의 문제유형을 분류하는 포괄적 진단체계를 개발하였다.
> ㉠ 적응성
> • 적응형 : 흥미와 적성이 일치하는 유형
> • 부적응형 : 흥미와 적성이 맞는 분야를 찾지 못한 유형
> ㉡ 결정성
> • 다재다능형 : 가능성이 많아 흥미와 적성을 가진 직업 사이에서 결정을 못 내리는 유형
> • 우유부단형 : 흥미와 적성에 관계없이 선택과 결정을 못 내리는 유형
> ㉢ 현실성
> • 비현실형 : 흥미를 느끼는 분야는 있지만 그 분야에 대해 적성을 가지고 있지 못한 유형
> • 불충족형 : 자신의 적성(능력)수준보다 낮은 직업을 선택한 유형
> • 강압형 : 적성 때문에 선택을 했지만 흥미를 못 느끼는 유형

○ **Answer** ○

57.④ 58.①

59 내담자중심의 상담에서 기대하는 상담결과 아닌 것은?

① 내담자는 현실적으로 변한다.

② 내담자는 불일치의 경험이 증가된다.

③ 내담자는 문제해결에 있어 더 능률적이 된다.

④ 내담자는 근본적으로 자아지각의 정도가 높아진다.

> **NOTE** 내담자중심의 상담에서 기대하는 상담결과로 내담자는 일시적으로 불일치를 경험하지만 상담을 통하여 현실적 자아와 이상적 자아의 일치를 경험하게 된다.

60 Ellis의 비합리적 신념 유형이 아닌 것은?

① 다른 사람에게 의지해야 하고 의지할 수 있는 누군가가 있어야 한다.

② 인간의 문제에는 완전한 해결책이 있다.

③ 세상은 반드시 공평해야 하며 정의는 반드시 승리한다.

④ 자신이 가치있다고 인정받으려면 한 가지 영역에서만 완벽한 능력이 있고 성공하면 된다.

> **NOTE** 엘리스(Ellis)의 비합리적 사고
> ㉠ 나는 주위의 모든 사람들로부터 반드시 사랑받고 인정받지 않으면 안 된다.
> ㉡ 내가 가치있기 위해서는 하는 모든 일에 있어서 아주 유능하고 성공적이어야 한다.
> ㉢ 부도덕하고 악한 사람들은 반드시 비난이나 처벌을 받아야 한다.
> ㉣ 내 마음에 들지 않은 세상일은 매우 한심스럽고 끔찍한 일이다.
> ㉤ 인간의 불행이란 외적인 여건에 의하여 기인하며, 나는 그것을 막을 힘이 전혀 없다.
> ㉥ 위험하고 두려운 일은 항상 일어날 수 있으며 그것에 구속될 수밖에 없다.
> ㉦ 삶의 어려움이나 책임들은 가급적 회피하는 것이 상책이다.
> ㉧ 과거의 삶이 인생에 큰 영향을 주었으며 앞으로도 계속 그럴 것이다.
> ㉨ 사람은 감정을 제대로 통제할 수 없으며 그렇게 느끼는 것은 어쩔 수 없다.
> ㉩ 인간의 모든 문제는 언제나 바르고 완전한 해결책이 있다. 만일 이를 찾지 못한다면 그 결과는 비극이다.

∘ Answer ∘

59.② 60.④

61 다음과 같은 상담과정의 목표를 제시한 상담이론은?

> ㉠ 사회적 관심을 갖도록 돕는다.
> ㉡ 패배감을 극복하고 열등감을 감소시킬 수 있도록 돕는다.
> ㉢ 잘못된 동기를 바꾸도록 돕는다.

① 교류분석적 상담   ② 개인주의 상담
③ 실존주의 상담   ④ 형태주의 상담

> **NOTE** 모삭(Mosak)의 개인주의상담의 목표
> ㉠ 사회적 관심을 갖도록 돕는다.
> ㉡ 패배감을 극복하고 열등감을 감소시킬 수 있도록 돕는다.
> ㉢ 내담자의 관점과 목표, 생활양식을 수정하도록 돕는다.
> ㉣ 내담자의 잘못된 동기를 바꾸도록 돕는다.
> ㉤ 내담자가 다른 사람과 동등한 감정을 갖도록 돕는다.
> ㉥ 사회의 구성원으로 기여하도록 조력한다.

62 내담자중심 상담이론에 관한 설명으로 틀린 것은?

① Rogers의 상담경험에서 비롯된 일이다.
② 상담의 기본목표는 개인이 일괄된 자아개념을 가지고 자신의 기능을 최대로 발휘하는 사람이 되도록 도울 수 있는 환경을 제공하는 것이다.
③ 특정 기법을 사용하기 보다는 내담자와 상담자 간의 안전하고 허용적인 '나와 너'의 관계를 중시한다.
④ 상담기법으로 적극적 경청, 감정의 반영, 명료화, 공감적 이해, 내담자 정보탐색, 조언, 설득, 가르치기 등이 이용된다.

> **NOTE** 내담자 정보탐색, 조언, 설득, 가르치기는 특성-요인(지시적) 상담기법이다.

○ **Answer** ○
61.②   62.④

63 Williamson이 구분한 특성-요인 상담과정 중 (㉠)에 대한 설명으로 옳은 것은?

> 분석 → 종합 → (㉠) → 예후 → 상담 → 추수지도

① 문제를 사실적으로 확인하고 원인을 발견한다.
② 상담에서 학습했던 것을 일상생활에서 적용할 때 이루어지는 행동을 강화, 재평가, 점검한다.
③ 내담자의 다양한 측면들을 정리 재배열하여 전체적인 모습을 그려본다.
④ 일반화된 방식으로 생활 전체를 다루는 것을 학습하는 단계이다.

> **NOTE** Williamson이 구분한 특성-요인 상담과정 ··· 분석 → 종합 → 진단 → 예후(처방) → 상담 → 추수지도

64 다음 중 행동주의 상담에서 외적인 행동변화를 촉진시키는 방법은?

① 체계적 둔감법
② 근육이완훈련
③ 인지적 모델링과 사고정지
④ 상표제도

> **NOTE** 외적인 행동변화 촉진법
> ㉠ 상표제도(토큰법)
> ㉡ 모델링
> ㉢ 자기주장훈련
> ㉣ 역할연기
> ㉤ 혐오치료법

65 다음 중 상담이론과 그와 관련된 상담기법을 바르게 짝지은 것은?

① 정신분석적 상담 - 인지적 재구성
② 행동치료 - 저항의 해석
③ 인지적 상담 - 이완기법
④ 형태치료 - 역할연기, 감정에 머무르기, 직면

> **NOTE** ① 정신분석적 상담 - 저항의 해석
> ② 행동치료 - 이완기법
> ③ 인지적 상담 - 인지적 재구성

66 다음 중 내담자중심 상담이론의 특징이 아닌 것은?

① 동일한 상담원리를 정상적 상태에 있는 사람이나 정신적으로 부적응 상태에 있는 사람 모두에게 적용한다.
② 상담은 모든 건설적인 대인관계의 실 사례 중 단지 하나에 불과하다.
③ 실험에 기초한 귀납적인 접근방법이며 실험적 방법을 상담과정에 적용한다.
④ 상담의 과정과 그 결과에 대한 연구조사를 통하여 개발되어 왔다.

> **NOTE** 내담자중심 상담이론은 실험에 기초한 귀납적인 접근방법이 아니라 지금-여기의 현상학적인 장을 상담에 적용한다.

○ **Answer** ○

65.④ 66.③

67 다음 중 Glasser의 현실요법 상담이론에서 제시한 기본적인 욕구에 해당하지 않는 것은?

① 생존의 욕구
② 힘에 대한 욕구
③ 자존의 욕구
④ 재미에 대한 욕구

> **NOTE** 윌리엄 글래서(William Glasser)의 현실요법에서 제시한 인간의 기본적 욕구
> ㉠ 생존의 욕구
> ㉡ 사랑 및 소속의 욕구
> ㉢ 힘에 대한 욕구
> ㉣ 자유에 대한 욕구
> ㉤ 재미에 대한 욕구

68 다음은 행동주의 상담기법 중 무슨 기법에 해당하는가?

> ㉠ 불안을 역제지하는 방법으로 사용한다.
> ㉡ 대인관계에서 오는 불안 제거에 효과적이다.
> ㉢ 이 기법의 목표는 내담자로 하여금 광범위한 대인관계의 상황을 효과적으로 다루기 위해 필요한
>   기술과 태도를 갖추게 하는 데 있다.

① 모델링
② 주장훈련
③ 자기관리 프로그램
④ 행동계약

> **NOTE** ① 모델링에 의한 모방을 통해 학습하게 되어 행동변화를 이끌도록 하는 방법
> ③ 자신과의 약속을 수행하기 위해 자신의 행동을 스스로 관리하는 프로그램
> ④ 내담자의 문제행동을 수정하기 위해 문제행동을 나타내는 내담자와 주변 사람들과 협의하여
>   목표를 성취하기 위한 행동계약

───── **Answer** ─────
67.③ 68.②

69 형태주의 상담의 주요 상담과정에서 가정 거리가 먼 것은?

① 내담자의 자신에 대한 자각을 증진시키는 것
② 자신의 행동결과를 수용하고 이에 대한 책임감을 증진시키는 것
③ 내담자가 자신의 잠재능력을 확인하고 실현할 수 있게 하는 것
④ 지금-여기에서의 지각과 경험을 내담자와 공유하는 것

> **NOTE** 내담자가 자신의 잠재능력을 확인하고 실현할 수 있게 하는 것은 내담자중심 상담이론에 해당된다.

70 정신분석적 상담에서 내담자의 갈등과 방어를 탐색하고 이를 해석해 나가는 과정은?

① 논박   ② 훈습
③ 행동수정   ④ 관계형성

> **NOTE** 정신분석적 상담의 기술 및 과정
> ㉠ 해석   ㉡ 자유연상
> ㉢ 꿈의 분석   ㉣ 저항의 해석
> ㉤ 전이의 해석   ㉥ 통찰
> ㉦ 훈습

71 다음은 어떤 상담이론에 관한 설명인가?

> ㉠ 상담자는 내담자가 효과적이고 책임질 수 있는 방법으로 행동하여 자신의 욕구를 충족시킬 수 있도록 조력한다.
> ㉡ 내담자가 자신의 행동들의 가치를 검토. 판단하게 돕고, 행동을 위한 계획을 세우도록 도와준다.

① 실존주의 상담   ② 행동주의 상담
③ 내담자중심 상담   ④ 형태주의 상담

> **NOTE** ② 행동주의 상담이론에 대한 설명이다.

○ **Answer** ○
69.③ 70.② 71.②

72 체계적 둔감화의 3단계를 순서대로 바르게 나열한 것은?

① 근육이완 훈련 → 불안위계목록 작성 → 둔감화
② 둔감화 → 근육이완 훈련 → 불안위계목록 작성
③ 불안위계목록 작성 → 둔감화 → 근육이완 훈련
④ 근육이완 훈련 → 둔감화 → 불안위계목록 작성

> **NOTE** 체계적 둔감화의 3단계 … 근육이완 훈련 → 불안위계목록 작성 → 둔감화

73 다음 중 내담자중심의 상담목표와 가장 거리가 먼 것은?

① 내담자의 내적기준에 대한 신뢰를 증가시키도록 도와주는 것
② 경험에 보다 개방적이 되게끔 도와주는 것
③ 지속적인 성장 경향성을 촉진시켜 주는 것
④ 내담자의 자유로운 선택과 책임의식을 증가시켜 주는 것

> **NOTE** 내담자의 자유로운 선택과 책임의식을 증가시켜 주는 상담이론은 실존주의 상담 및 현실요법 상담에 해당된다.

74 특성-요인 직업상담에서 중요시하는 효과적인 면담기법에 관한 설명으로 옳은 것은?

① 가능한 제한된 폐쇄형 질문을 사용해서 면담의 초점을 좁혀야 한다.
② 상담자는 말은 많이 해서 내담자가 충분한 자기 탐색을 하도록 정보를 제공한다.
③ 내담자가 침묵할 때는 섣불리 말하지 말고 침묵의 의미를 이해한 후 말을 꺼낸다.
④ 문제해결능력이 없는 내담자가 말을 많이 하는 것은 상담과정을 산만하게 하므로 가급적 발언을 억제한다.

> **NOTE** 특성-요인 직업상담에서의 효과적인 면담기법
> ㉠ 가능한 개방적 질문을 사용한다.
> ㉡ 내담자가 충분히 자기탐색을 하도록 조력한다.
> ㉢ 쉬운 말을 사용하고 내담자에게 가능한 꼭 필요한 정보만 제공한다.

─── **Answer** ───
72.① 73.④ 74.③

75 교류분석에서 사용하는 대표적인 성격 자아상태가 아닌 것은?

① 부모 자아(Parent ego)

② 성인 자아(Adult ego)

③ 청년 자아(Youth ego)

④ 아동 자아(Child ego)

> **NOTE** 에릭 번(Eric Berne)의 교류분석 자아상태
> ⊙ 부모 자아(Parent ego − P) : 부모의 말이나 행동을 무비판적으로 받아들여 내면화 시킨 것으로 양육적인 부모 자아(NP)와 비판적 부모 자아(CP)로 구분한다.
> ⓒ 성인 자아(adult ego − A) : 객관적이고 합리적이며 이치에 맞게 처신하는 어른 자아
> ⓒ 아동 자아(child ego − C) : 부모의 양육태도에 의한 감정반응 체계로 형성되며 자연스런 어린이 자아(FC), 작은 교수 자아(LP), 적응된 어린이 자아(AC)에 기초한다.

76 진로상담이론과 각 이론의 전제를 짝지은 것으로 틀린 것은?

① 특성−요인이론(trait−factor theory)−개인은 자신의 성격에 맞는 직업을 찾아야 만족한다.

② 의사결정이론(decision making theory)−개인은 자신의 이익을 극대화하는 방향으로 합리적인 결정을 할 수 있다.

③ 사회학습이론(social learning theory)−개인의 진로발달은 사회경제적 지위, 교육정도, 주변의 기대 등에 영향을 받지 않을 수 없다.

④ 정신분석이론(psychoanalytic theory)−개인의 진로는 6세 이전에 결정된다.

> **NOTE** 정신분석이론에 의하면 인간행동은 생후 5년간의 비합리적인 힘, 무의식적 동기, 본능적인 동기, 성적인 사건에 의해 결정된다고 한다.

─── ○ **Answer** ○───
75.③ 76.④

77 다음 중 실존주의 상담 혹은 실존치료에 관한 설명으로 틀린 것은?

① 인간본질에 대한 결정론적인 입장을 취한다.
② 자유와 책임을 강조한다.
③ 개인이 겪는 불안은 하나의 삶의 조건이라고 본다.
④ 개인의 자기인식능력을 강조한다.

> **NOTE** 실존주의 상담…자유와 책임을 강조하며 개인이 겪는 불안은 하나의 삶의 조건이라 전제하며 개인의 자기인식 능력을 강조한다.
> ① 인간본질에 관한 결정론적인 입장은 정신분석이론이다.

78 다음 중 인지적−정서적 상담(RET)에 관한 설명으로 틀린 것은?

① Ellis에 의해 개발되었다.
② 모든 내담자의 행동적·정서적 문제는 비논리적이고 비합리적인 사고에서 발생한 것이다.
③ 성격 자아상태 분석을 실시한다.
④ A−B−C 이론을 적용한다.

> **NOTE** ③ 성격 자아상태를 분석하는 것은 교류분석(Ta)이론이다.

79 다음 중 행동주의적 직업상담에서 사용하는 기법이 아닌 것은?

① 체계적 둔감화
② 역조건 형성
③ 사회적 모델링
④ 충고와 설득

> **NOTE** 충고와 설득은 특성요인 상담기법이다.

○ **Answer** ○
77.① 78.③ 79.④

80 다음 중 인지치료와 관련이 없는 개념은?

① 비합리적 신념
② 치료적인 논박
③ 내담자 – 상담자의 협력적인 관계
④ 전이관계의 촉진

> **NOTE** ④ 전이관계의 촉진은 정신분석적 상담기법이다.

81 직업상담 이론과 그에 대한 설명을 짝지은 것으로 틀린 것은?

① 교류분석적 상담-성격 자아상태 분석
② 내담자중심 상담-비지시적 상담
③ Adler의 개인주의 상담-심리성적 결정론
④ 형태주의 상담-Perls에 의해 발전

> **NOTE** ③ 심리성적 결정론은 정신분석적 상담에 해당한다.

82 직업상담의 이론 중 내담자에 대한 자료를 과학적으로 수집하고 분석하기 위해 흥미, 지능, 적성, 성격 등 표준화 검사의 실시와 결과의 해석을 중요시하는 직업상담은?

① 정신역동적 직업상담
② 내담자중심 직업상담
③ 특성-요인 직업상담
④ 발달적 직업상담

> **NOTE** 특성-요인이론
> ㉠ 특성 : 검사를 통해 측정할 수 있는 개인의 특성(흥미, 지능, 적성, 성격 등)
> ㉡ 요인 : 성공적인 직무수행을 위해 필요한 특징(책임, 성실성, 직업성취도 등)

○ **Answer** ○
80.④ 81.③ 82.③

83 Rogers가 제시한 직업상담자가 갖추어야 할 태도에 포함되지 않는 것은?

① 수동적이고 폐쇄적인 자세
② 내담자의 경험에 대한 공감적 이해
③ 자신의 감정에 대한 진실성 및 일관된 표현
④ 내담자의 감정을 존중하고 수용하는 태도

> **NOTE** Rogers의 내담자 중심 상담기법 … 진실성(일치성), 무조건적인 수용, 공감적 이해

84 정신분석적 상담과정에 관한 설명으로 가장 적합하지 않은 것은?

① 심리적 장애의 근원을 과거 경험에서 찾고자 한다.
② 내담자의 유아기적 갈등과 감정을 중요하게 다룬다.
③ 내담자의 무의식적 자료와 방어를 탐색하는 작업을 한다.
④ 심리적 장애행동과 관련된 학습 경험들을 확인하고 이를 수정한다.

> **NOTE** ④ 행동주의에 대한 설명이다.

85 행동주의 상담에서 내적인 행동변화를 촉진시키는 방법이 아닌 것은?

① 체계적 둔감법
② 근육이완훈련
③ 인지적 모델링
④ 상표제도

> **NOTE** 행동주의 상담기법 … 내적행동변화 촉진, 외적행동변화 촉진
> ㉠ 내적행동변화 촉진 : 체계적 둔감법, 근육이완훈련, 인지적모델링, 사고정지
> ㉡ 외적행동변화 촉진 : 토큰법, 모델링, 자기주장훈련, 혐오치료, 자기관리프로그램, 역할연기, 바이오피드백

○ **Answer** ○
83.① 84.④ 85.④

86 Super가 제시한 발달적 직업상담 단계를 바르게 나열한 것은?

ㄱ 문제탐색 및 자아개념묘사   ㄴ 현실검증

ㄷ 자아수용 및 자아통찰   ㄹ 심층적 탐색

ㅁ 태도와 감정의 탐색과 처리   ㅂ 의사결정

---

① ㄱㄴㄷㄹㅁㅂ

② ㄱㄹㄷㄴㅁㅂ

③ ㄱㄷㄴㄹㅁㅂ

④ ㄱㄴㄹㄷㅁㅂ

> **NOTE** Super의 발달적 직업상담 6단계
> ㄱ 1단계 : 문제탐색 및 자아개념 묘사
> ㄴ 2단계 : 심층적 탐색
> ㄷ 3단계 : 자아수용 및 자아성찰
> ㄹ 4단계 : 현실검증
> ㅁ 5단계 : 태도와 감정의 탐색과 처리
> ㅂ 6단계 : 의사결정

87 모든 내담자는 공통적으로 자기와 경험의 불일치로 인해서 고통을 받고 있기 때문에, 직업상담 과정에서 내담자가 지니고 있는 직업문제를 진단하는 것 자체가 불필요하다고 보는 직업상담 접근방법은?

① 내담자중심 직업상담

② 특성 - 요인 직업상담

③ 정신역동적 직업상담

④ 행동주의 직업상담

> **NOTE** 내담자중심 직업상담에서는 모든 내담자는 공통적으로 자신과 경험의 불일치로 고통을 받고 있으나, 내담자 스스로가 해결할 수 있다고 전제하므로, 직업문제를 진단하는 것 자체가 불필요하다고 본다.

○ **Answer** ○

86.②   87.①

88 포괄적 직업상담 프로그램은 여러 직업상담 이론들과 일반상담 이론들이 갖는 장점들을 서로 절충하고 단점들을 보완하여 일관성 있는 체계로 통합시키기 위하여 Crites가 제안 한 프로그램이다. 이 포괄적 직업상담 프로그램의 문제점은?

① 직업결정 문제의 원인으로 불안에 대한 이해와 불안을 규명하는 방법이 결여되어 있다.
② 직업상담의 문제 중 진학상담과 취업상담에 적합할 뿐 취업 후 직업적응 문제들을 깊이 있게 다루지 못하고 있다.
③ 직업선택에 미치는 내적요인의 영향을 지나치게 강조한 나머지 외적요인의 영향에 대해서는 충분하게 고려하고 있지 못하고 있다.
④ 직업상담사가 교훈적 역할이나 내담자의 자아를 명료화하고 자아실현을 시킬 수 있는 적극적 태도를 취하지 않는다면 내담자에게 직업에 대한 정보를 효과적으로 알려줄 수 없다.

> **NOTE** 포괄적 직업상담의 접근법은 직업상담의 여러 측면들을 포괄적으로 다룸으로써 내담자들의 다양한 문제들에 대한 적용가능성을 확대하였다. 한편으로는 진학상담과 취업상담에 적합할 뿐, 취업 후의 직업적응 문제들을 깊이 있게 다루지는 못하고 있다.

89 내담자중심 직업상담기법을 사용할 때 상담자가 갖추어야 할 기본적인 태도에 해당하지 않는 것은?

① 일치성/진실성
② 공감적 이해
③ 무조건적 긍정적 수용
④ 소망 – 방어체계의 이해

> **NOTE** ④ 소망 – 방어체계는 보딘의 정신역동적 직업상담에서 사용하는 기법이다.
> ※ 내담자중심 상담에서 상담자가 갖추어야 할 기본적인 태도
> ㉠ 일치성/진실성
> ㉡ 공감적 이해
> ㉢ 무조건적인 긍정적 수용(관심)

—— ○ **Answer** ○ ——
88.② 89.④

90 정신역동적 상담을 구체화한 Bordin이 제시한 직업상담의 3단계 과정이 아닌 것은?

① 관계설정
② 탐색과 계약설정
③ 핵심결정
④ 변화를 위한 노력

> **NOTE** 정신역동적 직업상담의 3단계
> ㉠ 1단계[탐색과 계약체결의 단계] : 내담자의 방어적 태도의 의미를 탐색하고 상담과정을 구조화한다.
> ㉡ 2단계[비판적(핵심결정)결정의 단계] : 상호작용을 통해 여러 가지 대안을 탐색해 본다.
> ㉢ 3단계[변화를 위한 노력의 단계] : 내담자가 선택에 대한 책임을 수용하고 보다 효율적인 인간관계를 맺도록 조력한다.

91 보딘이 제시한 직업문제의 심리적 원인에 해당하지 않는 것은?

① 인지적 갈등
② 확신의 결여
③ 정보의 부족
④ 내적 갈등

> **NOTE** 보딘의 직업문제의 심리적 원인
> ㉠ 의존성
> ㉡ 정보의 부족
> ㉢ 자아갈등
> ㉣ 진로선택에 따른 불안
> ㉤ 문제없음

92 정신역학적 직업상담에 관한 설명과 관계없는 것은?

① 직업에 관한 정보유형은 직업의 의무와 과제에 대한 욕구분석에 기초하여 기술될 수 있다.
② 심리검사 등 검사를 통한 진단을 배제한다.
③ 진로결정과정에 정신역동과정을 적용한 것이다.
④ 상담자는 명료화, 비교, 소망-방어체계 등의 반응기법을 사용한다.

> **NOTE** ② 정신역학적 접근법에서는 심리치료, 심리검사 등의 방법이 사용된다.

──○ **Answer** ○──────────────────────────
90.① 91.① 92.②

93 행동주의적 상담기법 중 학습촉진기법이 아닌 것은?

① 강화   ② 변별학습
③ 대리학습   ④ 체계적 둔감화

> **NOTE** ④ 체계적 둔감화는 불안반응을 제거시키기 위해 울프(Wolpe)가 고안한 행동수정기법으로 근육의 긴장, 불안위계표의 작성, 둔감화 세 단계로 시행된다.
> ※ 학습촉진기법(적응행동증진기법)
>   ⊙ 강화 : 반응이 일어날 확률을 증가시키는 사물이나 사건. 자극 제공으로 행동을 습득하게 하고 그 빈도를 증가시키는 것
>   ⓒ 변별학습(차별강화) : 바람직한 행동에는 강화하고, 바람직하지 않은 행동에는 무시하거나 벌을 주어 바람직한 행동과 바람직하지 않은 행동을 구별할 수 있도록 학습시키는 기법
>   ⓒ 대리학습(사회적 모델링) : 바람직한 행동 본보기를 제공하여 관찰하도록 함으로써 행동을 학습하도록 하는 기법

94 다음은 어떤 상담이론에 관한 설명인가?

> • 상담목표 : 비현실적인 공포나 불안의 제거와 학습을 통한 행동수정이 중요한 목표였으나, 최근에는 자기 지도가 강조되고 있다.
> • 상담과정 : 상담관계의 형성 → 문제행동의 규명 → 현재의 상태파악 → 상담목표의 설정 → 상담기술의 적용 → 상담결과의 평가 → 상담의 종결
> • 상담기술 : 주장훈련, 체계적 과민성 제거, 감동적 구상법, 혐오기술 등

① 정신분석 상담
② 특성-요인 상담
③ 인간중심 상담
④ 행동주의 상담

> **NOTE** ④ 행동주의 상담에 대한 설명이다.
> ※ 행동주의 상담 : Pavlov의 고전적 조건형성이론과 Hull의 학습이론, Skinner의 조작적 조건형성이론으로 발전한 행동주의 이론을 상담에 접목하였다. 행동주의는 학습에 초점을 두고 있으며, 선행조건과 결과에 의해서 행동이 형성된다는 이론이다. 정의적인 요소는 측정이 불가능하기 때문에 관찰가능한 행동이 중요하며, 이러한 행동은 학습을 통해 변화할 수 있고 수정가능한 행동(행동변화)에 초점을 두고 있다

○ **Answer** ○
93.④   94.④

95 직업상담을 위한 면담에 대한 설명으로 옳은 것은?

① 내담자의 모든 행동은 이유와 목적이 있음을 분명하게 인지한다.

② 상담과정의 원만한 전개를 위해 내담자에게 태도변화를 요구한다.

③ 침묵에 빠지지 않도록 상담자는 항상 먼저 이야기를 해야 한다.

④ 초기 면담에서 내담자에 대한 기준을 부여한다.

> **NOTE** 면담 시 유의사항
> ㉠ 내담자에게 상담자가 기대하는 것을 알게 한다.
> ㉡ 문제의 영역을 구축한다.
> ㉢ 감정을 탐색한다.
> ㉣ 이루어져야 하는 것이 무엇인지에 대해 서로 합의한다.
> ㉤ 해결책이 되는 대안을 탐색한다.

96 내담자가 "내가 무능해서 가족이 고생한다"라고 말했을 때 내담자의 감정에 가장 공감을 잘한 상담자의 반응은?

① "당신은 무능하지 않습니다."

② "걱정 마세요. 제가 도와드리겠습니다."

③ "가족이 고생한다고 여겨져서 마음이 아프시군요."

④ "가족들도 당신을 이해할 거예요"

> **NOTE** 내담자의 고민의 핵심에 접근하여 감정에 가장 공감하고 있는 반응이다.

97 성격에 대한 자아상태를 부모(P), 성인(A), 아동(C)으로 구분하여 타인들과의 상호작용을 통해 자아상태를 분석하는 상담기법은?

① 교류분석 상담　　　　　　　　② 내담자 중심 상담

③ 발달적 직업상담　　　　　　　④ 특성-요인 상담

> **NOTE** 교류분석 상담의 내용으로 내담자와 다른 사람, 사이에 어떤 유형의 교류를 하고 있는지를 알아보는 상담이다. 성격에 대한 자아상태를 P, A, C로 나누어서 분석한다.

───────○ **Answer** ○───────
95.① 96.③ 97.①

98 내담자 중심상담에서 사용되는 상담기법이 아닌 것은?

① 적극적 경청
② 역할 연기
③ 감정의 반영
④ 공감적 이해

> **NOTE** 내담자 중심상담의 주요 절차
> ㉠ 적극적 경청 : 내담자의 이야기를 듣고 있음을 알려준다.
> ㉡ 반영 : 내담자의 말과 행동에서 표현된 기본 감정과 태도 등을 상담자가 분명한 언어로 부연해준다.
> ㉢ 명료화 : 내담자가 인지하지 못하고 있는 내담자의 언어 속에 내포된 의미를 분명하게 해준다.
> ㉣ 공감적 이해 : 내담자의 입장에서 이해하려는 태도, 정서상태의 공유 과정 등을 포함한다.

99 다음과 관련있는 상담기법은?

> • 부모자아상태
> • 스크립트 분석
> • Berne

① 정신분석적 상담
② 교류분석적 상담
③ 내담자 중심적 상담
④ 특성-요인적 상담

> **NOTE** 교류분석이론…초기의 인생결정 또는 과거의 전제에 근거하여 현재의 결정을 내린다는 가정에 근거를 둔 상호작용치료로 Eric Berne에 의해 개발된 이론이다. 언어, 행동을 분석하여 내 자아상태와 상대방의 자아상태를 분석하는 방법이다.

───○ **Answer** ○───
98.② 99.②

100 다음 중 직업상담에서 특성-요인이론에 대한 설명으로 옳은 것은?

① 대부분의 사람들은 성격·특성면에서 여섯 가지유형으로 분류될 수 있다.

② 개개인은 신뢰할 만하고 타당하게 측정될 수 있는 고유한 특성의 집합이다.

③ 개인은 일을 통해 개인적 욕구를 성취하도록 동기화되어 있다.

④ 직업적 선택은 개인의 발달적 특성이다.

> **NOTE** 특성-요인이론
> ㉠ 각 개인은 신뢰할 수 있고 타당하게 측정될 수 있는 고유한 특성의 집합체이다.
> ㉡ 모든 직업은 그 직업에서 성공을 하는데 필요한 특성을 지닌 근로자를 요구한다.
> ㉢ 직업의 선택은 직선적인 과정이며, 매칭이 가능하다.
> ㉣ 개인의 특성과 직업의 요구간에 매칭이 잘 될수록 생산성과 만족, 즉 성공의 가능성은 커진다.

101 왜곡된 사고체제나 신념체제를 가진 내담자에게 효과적인 상담기법은?

① 내담자 중심 상담
② 인지치료
③ 정신분석
④ 행동요법

> **NOTE** 인지치료 … 내담자가 호소하는 문제의 원인을 내담자 자신의 인지적 왜곡, 역기능적 사고 및 기본가정에서의 결함으로 보기 때문에 근본적으로 내담자의 인지적 변화를 통하여 치료하려는 것을 의미한다.

102 Rogers의 내담자 중심의 접근이 개인의 지금 현재에서의 주관적인 경험을 중요시한다는 것을 보여주는 대표적인 개념은?

① 자기실현 경향성
② 현상학적인 장
③ 가치의 조건
④ 수용적인 존중

> **NOTE** 현상학적인 장 … 주어진 순간에 개인이 체험하는 모든 것을 가리키며, 사상 자체가 행동을 결정하는 것이 아니라 그 사상들을 어떻게 지각하느냐가 행동을 결정한다는 것을 의미한다.

○ **Answer** ○
100.② 101.② 102.②

103 직업상담과정에서 내담자 목표나 문제의 확인 · 명료 · 상세단계의 내용으로 적절하지 않은 것은?

① 내담자와 상담자 간의 상호간 관계수립
② 내담자의 현재 상태와 환경적 정보수집
③ 진단에 근거한 개입의 선정
④ 내담자 자신의 정보수집

> **NOTE** ③ 진단에 근거한 개입의 선정은 내담자 목표 또는 문제해결단계에서 이루어진다.

104 흥미, 지능, 적성, 성격 등 표준화검사의 실시와 결과의 해석을 강조하는 직업상담은?

① 정신역동적 직업상담
② 인간중심적 직업상담
③ 특성–요인 직업상담
④ 발달적 직업상담

> **NOTE** ③ 특성–요인 직업상담은 개인에 관한 자료수집, 표준화검사, 적성 · 흥미 · 동기 등의 요소들과 관련된 심리검사를 주로 사용한다.

105 Williamson(1939)의 변별진단에서의 4가지 결과가 아닌 것은?

① 직업선택에 대한 확신 부족
② 직업 무선택
③ 정보의 부족
④ 흥미와 적성 간의 모순

> **NOTE** Willamson의 변별진단… 전혀 선택하지 않음, 불확실한 선택, 현명하지 못한 선택, 흥미와 적성간의 모순 등 네 집단으로 구분된다.

∘ **Answer** ∘
103.③　104.③　105.③

106 보딘(Bordin)의 정신역동적 직업상담에서 사용하는 기법이 아닌 것은?

① 명료화

② 비교

③ 소망-방어 체계

④ 감정에 대한 준지시적 반응 범주화

> **NOTE** 정신역학적 직업상담 기법
> ㉠ 명료화: 현재의 문제점들과 관련된 요소에 관한 내담자의 생각과 언어표현에 초점을 맞추고 대화의 새로운 영역을 여는데 기여하며, 다른 것들을 요약해준다.
> ㉡ 비교: 두 가지 또는 그 이상의 주제들의 역동적 현상들 사이의 유사성이나 차이점들을 보다 더 날카롭게 부각시키기 위해 병치시키는 방법이다.
> ㉢ 소망-방어 체계: 상담자는 내담자의 내적 동기상태와 진로결정 사이의 관계를 내담자가 자각하도록 시도한다.

107 다음은 어떤 상담기법의 인간관을 나타내고 있는가?

> 인간은 과거와 환경에 의해 결정되는 존재가 아니라 현재의 사고, 감정, 행동의 전체성과 통합을 추구하는 존재로 본다.

① 정신분석학적 상담

② 형태주의 상담

③ 아들러의 개인주의 상담

④ 교류분석적 상담

> **NOTE** ① 어렸을 때 형성된 무의식적 갈등을 자유연상이나 꿈의 해석 방법을 통하여 의식화함으로써 내담자로 하여금 자신에 대한 통찰을 얻도록 한다.
> ③ 개인은 유전과 환경의 영향을 받으며, 창조적인 능력을 가지고 자신의 인생을 추구하는 존재로 내담자의 사회적 관심에 중점을 두고 잘못된 사회가치를 수정하고자 한다.
> ④ 인간을 자율적인 존재로 보고 상황과 인간관계에 따른 대인적 교류를 중요시하는 감정, 행동, 사고가 조화롭게 통합되는 전인적인 치료체계이다.

108 다음 중 직업상담영역이 아닌 것은?

① 은퇴상담
② 직업전환상담
③ 취업상담
④ 실존문제상담

> **NOTE** 직업상담의 영역
> ㉠ 취업 이전 : 직업준비 및 선택에서의 의사결정을 돕는다.
> ㉡ 취업시 : 취업준비 및 구인 · 구직계약을 알선한다.
> ㉢ 취업 이후
> • 직장 적응 및 건강문제, 직업문제 등을 진단하고 돕는다.
> • 직장전환이나 실업시 재취업을 돕는다.
> • 퇴직 후 여가를 돕는다.

109 직업발달이론에서 파슨스가 제안한 특성–요인이론의 핵심적인 가정은?

① 각 개인들은 객관적으로 측정될 수 있는 독특한 능력을 지니고 있으며, 이를 직업에서 요구하는 요인과 합리적인 추론을 통하여 매칭시키면 가장 좋은 선택이 된다.
② 분화와 통합의 과정을 거치면서 개인은 자아정체감을 형성해가며 이러한 자아정체감은 직업정체감의 형성에 중요한 기초요인이 된다.
③ 진로발달과정은 유전요인과 특별한 능력, 환경조건과 사건, 학습경험, 과제접근기술 등의 네 가지 요인과 관계가 있다.
④ 초기의 경험이 개인이 선택한 직업에 대한 만족에 매우 중요한 요인이라고 강조하면서 개인의 성격유형과 직무환경의 성격을 여섯 가지 유형으로 구분하고 있다.

> **NOTE** 특성–요인이론은 개인의 노력이나 흥미가 직업의 특성과 일치할 때 그 직업을 선택한다고 가정하고 개인의 적성, 흥미 등을 검사하고, 각각의 직업에서 요구되는 특성을 찾아 개인이 적합한 직업을 찾을 수 있도록 돕는다.

○ **Answer** ○
108.④ 109.①

110 다음 중 직업상담사와 관계없는 영역은?

① 진로상담

② 산업상담

③ 생활지도

④ 직업컨설턴트

> **NOTE** 직업상담사의 상담영역 ··· 진로상담, 산업상담, 취업상담, 직업컨설턴트 등이 있다.
> ③ 생활지도는 학생의 자기 자신에 대한 이해와 현실생활 적응을 돕고 자신의 능력을 극대화할 수 있도록 조력하는 조직적이고 의도적인 교육활동이다.

111 다음 중 인간행동의 개인차에 대한 측정과 확인에 초점을 둔 직업상담은?

① 행동주의 직업상담

② 정신역학적 직업상담

③ 특성-요인 직업상담

④ 발달적 직업상담

> **NOTE** ③ 특성-요인 직업상담은 개인의 특성을 여러 가지 검사를 통해 자세히 밝혀내고 그것을 각 직업의 특성과 연관시키는 것을 목표로 한다.

112 직업상담사의 자질과 관계없는 것은?

① 심리학적 지식

② 주관성

③ 직업정보 분석능력

④ 자신에 대한 이해

> **NOTE** 직업상담의 자질 ··· 객관성, 내담자에 대한 존경심, 자신에 대한 이해, 심리학적 지식, 직업정보 분석능력 등이 있다.

───────○ **Answer** ○───────
110.③ 111.③ 112.②

113 다음 중 특성요인 직업상담의 내용이 아닌 것은?

① 직업인 각자의 독특한 심리학적 특성으로 인하여 모든 근로자는 특수한 직업유형에 잘 적응한다.
② 직업상담은 각 개인의 생활영역 또는 문제에 중점을 둔다.
③ 여러 가지 다른 직업에 종사하는 근로자들은 각기 다른 심리학적 특성을 가지고 있다.
④ 직업적응은 직접적으로 근로자의 특성과 직업에서 요구하는 것들 사이의 조화의 정도에 따라 달라진다.

> **NOTE** ② 인간중심 직업상담의 내용이다.

114 다음 특성-요인 직업상담 모형에 관한 설명 중 옳지 않은 것은?

① 특성-요인이란 주로 일반지능, 특수적성, 학업성취도, 작업능력과 직업적 관심, 포부 등을 포함한다.
② 파슨스(Parsons)가 개인, 직업, 개인과 직업 사이의 관계성을 기본으로 하여 만든 직업이론의 원리를 반영하고 있다.
③ 상담의 결과는 상담자와 내담자의 상호작용과정에서 이루어지므로 과정과 결과를 명확히 구분할 수 없다.
④ 미네소타 사무적성검사와 최초의 직업명칭사전을 만드는 밑거름이 되었다.

> **NOTE** ③ 인간중심 직업상담의 내용으로, 이러한 이유 때문에 결과를 평가하려면 상담초기와 종료기의 태도나 정서의 변화를 면밀히 관찰할 필요가 있다.

○ **Answer** ○
113.② 114.③

115 윌리엄슨이 제시한 특성-요인 직업상담의 기술과 관계없는 것은?

① 행동의 권고나 설계
② 동일시
③ 자기이해의 신장
④ 촉진적 관계형성

> **NOTE** 특성-요인 직업상담의 기술
> ㉠ 촉진적 관계형성: 상담자는 내담자의 신임을 얻어야 한다.
> ㉡ 자기이해의 신장: 상담자는 내담자를 도와 자신의 장점이나 특징에 대해 개방적으로 평가할 수 있도록 하고 문제해결과 관련된 통찰력을 갖도록 격려해야 한다.
> ㉢ 행동계획의 권고나 설계: 내담자가 이해할 수 있는 관점에서 상담해야 한다.
> ㉣ 계획의 수행: 내담자의 선택에 직접적인 도움이 되는 방안을 제시하여 선택을 돕는다.
> ㉤ 위임: 모든 내담자를 다 상담할 수 없으므로 다른 상담자를 만날 수 있도록 권유해야 한다.

116 다음 중 특성-요인 직업상담의 과정은?

① 분석 - 종합 - 진단 - 예측 - 상담 - 추후지도
② 분석 - 상담 - 예측 - 진단 - 종합 - 추후지도
③ 진단 - 예측 - 상담 - 분석 - 종합 - 추후지도
④ 진단 - 분석 - 종합 - 예측 - 상담 - 추후지도

> **NOTE** 분석·종합·진단·예측의 단계는 상담자가 일방적으로 주도하고, 상담·추후지도의 단계에서만 내담자가 능동적으로 참여한다.
> ※ 특성-요인 직업상담의 과정
> ㉠ 분석: 개인에 관한 자료수집, 표준화검사, 적성·흥미·동기 등의 요소들과 관련된 심리검사가 주로 사용된다.
> ㉡ 종합: 개인의 성격, 장단점, 욕구, 태도 등에 대한 이해를 얻기 위해 정보를 수집·종합한다.
> ㉢ 진단: 종합단계에서 얻어진 문제를 야기시키는 요소들에 관한 자료를 파악하고 그 문제를 해결할 수 있는 다양한 방법들을 검토한다.
> ㉣ 예측: 선택한 대안들을 평가하고 앞으로의 성공여부를 예측한다.
> ㉤ 상담: 분석, 종합, 진단, 예측과정을 통해 얻어진 자료를 중심으로 해결해야 할 대안에 대해 우선순위를 정하고 상담자는 특별한 행동과정을 권고한다.
> ㉥ 추후지도: 결정과정의 적합성이나 새로운 문제를 해결하거나 혹은 동일한 문제의 재발을 막기 위해 첨가해야 할 도움이 필요한지를 확인하며, 상담의 효율성을 점검하는 재배치 등이 이루어진다.

○ **Answer** ○
115.② 116.①

117 직업선택 문제들 중 비현실성의 문제와 가장 거리가 먼 것은?

① 흥미나 적성의 유형이나 수준과 관계없이 어떤 직업을 선택해야 할 지 결정하지 못한다.

② 자신의 적성수준보다 높은 적성을 요구하는 직업을 선택한다.

③ 자신의 흥미와는 일치하지만, 자신의 적성수준보다는 낮은 적성을 요구하는 직업을 선택한다.

④ 자신의 적성수준에서 선택을 하지만, 자신의 흥미와는 일치하지 않는 직업을 선택한다.

> **NOTE** ② 비현실성의 비현실형
> ③ 비현실성의 불충족형
> ④ 비현실성의 강압형
> ※ Crites의 포괄적 직업상담 이론에서는 흥미·적성을 고려한 3가지 변인에 따른 7가지 직업문제 유형을 분류했다.
> ㉠ 3가지 변인 : 적응성 / 결정성 / 비현실성
> ㉡ 7가지 직업문제 유형
> • 적응성(2개 유형) → 적응형, 부적응형
> • 결정성(2개 유형) → 다재다능형, 우유부단형
> • 비현실성(3개 유형) → 비현실형, 불충족형, 강압형

1 정신역동적 직업상담에서 보딘(E. Bordin)이 상담에 사용할 수 있는 상담자의 반응범주로 제시한 것이 아닌 것은?

2021 국가직 9급

① 비교 : 두 가지 이상의 주제가 갖는 역동적 현상들을 나란히 제시하여 그 유사성이나 차이점을 보다 더 부각시키는 것

② 설득 : 상담자가 내담자에게 합리적이고 논리적인 방법으로 증거(자료)를 제시하는 것

③ 명료화 : 개방적 질문, 부드러운 명령, 단순화된 진술의 형태를 취하는 것

④ 소망-방어체계 : 소망-방어체계에 내포된 의미를 해석하고 내담자가 자신의 내적 동기상태와 직업결정 사이의 관계를 지각하도록 돕는 것

NOTE 상담자의 반응범주

㉠ 명료화 : 현재의 진로문제와 관련된 내담자의 생각과 감정을 언어로 명료하게 재인식시켜 준다. 상담자는 질문, 부드러운 명령, 단순화된 진술의 형태를 취한다.

㉡ 소망-방어체계에 관한 해석 : 상담자는 내담자의 욕구, 내적동기 상태와 진로결정 사이의 관계를 해석해 주고, 내담자가 자각하도록 시도한다.

㉢ 비교 : 내담자가 가지고 있는 문제와 역동적 현상들 사이의 유사성이나 차이점을 비교하는 방법이다.

─── ◦ **Answer** ◦ ───
1.②

2 수퍼(D. Super)의 진로발달 단계에 대한 설명으로 옳지 않은 것은?

2021 국가직 9급

① 탐색기에는 결정화(crystallization), 실행(implementation), 공고화(consolidating)의 과업을 수행하여야 한다.

② 유지기에는 지속적으로 새로운 기술과 지식에 대한 교육, 전문성 향상의 과업을 수행하여야 한다.

③ 진로발달은 노년기를 포함하여 전 생애에 걸쳐 이루어지는 과정이다.

④ 생애단계는 성장기, 탐색기, 확립기, 유지기, 은퇴기의 다섯 단계로 구성된다.

> **NOTE** ① 수퍼(Super)는 탐색기에는 결정화(14 ~ 18세), 구체화(18 ~ 21세), 실행화(21 ~ 24세)의 직업발달과업 수행을 제시하였다.
>
> ※ 수퍼(D. Super)의 진로발달이론
> ㉠ 성장기(출생~14세) : 환상기 → 흥미기 → 능력기
> ㉡ 탐색기(15~24세) : 잠정기 → 전환기 → 시행기
> ㉢ 확립기(25~44세) : 시행기 → 안정기
> ㉣ 유지기(45~64세) : 직업세계에서 자신의 위치가 확고해지고 자신의 자리를 유지하기 위해 노력하며 안정된 삶을 살아가는 시기
> ㉤ 은퇴기(65세 이상) : 정신적, 육체적 기능이 쇠퇴함에 따라 직업세계에서 은퇴하게 되고 새로운 역할과 활동을 찾게 되는 시기

3 로(A. Roe)의 직업분류체계에 대한 설명으로 옳지 않은 것은?

2021 국가직 9급

① 보울비(J. Bowlby)의 애착이론에 바탕을 두었다.

② 직업활동과 관련된 인간관계의 특성과 강도에 기초하여 8가지 직업군을 제안하였다.

③ 부모의 양육방식이 자녀의 직업군 선택에 영향을 미친다고 보았다.

④ 각 직업군은 곤란도와 책무성에 따라 6단계로 구분된다고 가정하였다.

> **NOTE** ① 로(Roe)의 욕구이론은 매슬로우(A. Maslow)의 욕구위계이론을 바탕으로 개인의 직업선택에서의 욕구를 설명하고 있다.
>
> ※ 로(A. Roe)의 직업분류체계
> ㉠ 로는 직업의 심리적 특성을 기준 삼아 영역과 수준의 이차원으로 직업을 분류하였다.
> ㉡ 직업분류에 대한 연구에서 흥미를 기초로 수평적 분류에 따라 인간지향적 직업분야인 서비스직, 비즈니스직, 단체직, 기술직, 옥외활동직, 과학직, 일반문화직, 예술과 예능직 등 8가지 직업군으로 분류하였다.
> ㉢ 각 직업군 내에는 책무성과 곤란도를 기초로 수직적 분류에 따라 고급 전문 관리직, 중급 전문 관리직, 준 전문 관리직, 숙련직, 반 숙련직, 비 숙련직 등 6단계로 분류하였다.

Answer

2.① 3.①

4 굿맨(J. Goodman), 슐로스버그(N. Schlossberg), 앤더슨(M. Anderson)이 제시한 진로전환 과정의 단계별 주요 문제들을 진로전환 과정 단계의 순서대로 바르게 나열한 것은?

2021 국가직 9급

> ㉠ 좌절과 절망, 소외감
> ㉡ 외로움과 경쟁, 지루함, 요구에 부응하기 위한 경쟁
> ㉢ 떠나기와 애도하기, 노력하기, 목표 상실과 재형성, 양가감정의 표현
> ㉣ 일의 요령 배우기, 일과 문화에 대한 기대, 명시적 또는 암묵적 규준, 주변인의 느낌

① ㉠ - ㉡ - ㉢ - ㉣
② ㉠ - ㉣ - ㉡ - ㉢
③ ㉣ - ㉠ - ㉡ - ㉢
④ ㉣ - ㉡ - ㉢ - ㉠

NOTE 진로전환 과정의 4단계 : 굿맨(J. Goodman), 슐로스버그(N. Schlossberg), 앤더슨(M. Anderson) 등이 제시하였다.
　㉠ 1단계(취업) : 일의 요령 배우기, 일과 문화에 대한 기대, 명시적 또는 암묵적 규준, 주변인의 느낌
　㉡ 2단계(승진) : 견디기, 외로움과 경쟁, 지루함, 요구에 부응하기 위한 경쟁
　㉢ 3단계(퇴사) : 떠나기와 애도하기, 노력하기, 목표 상실과 재형성, 양가감정의 표현
　㉣ 4단계(재취업을 위한 노력단계) : 소외감, 좌절과 절망

5 글래서(W. Glasser)가 제시한 현실치료 기법의 WDEP 과정에 대한 설명으로 옳지 않은 것은?

2020 국가직 9급

① W - 욕구(want)
② D - 행동(doing)
③ E - 기대(expectation)
④ P - 계획(planning)

NOTE 행동변화를 위한 상담과정(WDEP)
　㉠ Want 욕구, 바람, 지각의 탐색 과정
　㉡ Doing 전행동과 행동방향 탐색
　㉢ Evaluation 바램, 행동, 계획에 대한 자기평가하기
　㉣ Planning 계획하기

─── ○ **Answer** ○ ───
4.④ 5.③

6 게슈탈트(Gestalt) 심리치료에 대한 설명으로 옳지 않은 것은?

2020 국가직 9급

① 유기체이론, 실존철학의 영향을 받았다.

② 상담목표는 자기와 사회에 대한 관심, 자기지시, 관용, 유연성 등이다.

③ 자각의 확장, 책임감의 수용 및 개인의 통일을 강조한다.

④ 접촉경계 혼란을 야기하는 원인은 내사, 투사, 융합, 반전, 편향 등이다.

> **NOTE** 게슈탈트 심리치료 … 개인의 정서와 욕구를 중시하는 치료이다. F. Perls가 1950년대에 정신분석적 치료에서의 지나친 주지주의적 경향을 벗어나 개체와 환경 간의 유기적 통합성을 강조하면서 실존철학적 배경에서 새롭게 창안하였다.

7 내담자의 진로가계도(career genogram)가 그려지고 난 후 정보를 탐색하는 과정에서 사용되는 질문으로 적절하지 않은 것은?

2020 국가직 9급

① 내담자와 배우자의 직업은 무엇인가?

② 가족의 '미해결된 작업'으로부터 나온 심리적 압력이나 기대가 있는가?

③ 직업에 대한 세대의 신화나 오해가 있는가?

④ 내담자의 성격에 적합한 직업은 무엇인가?

> **NOTE** 진로가계도 … 내담자의 생물학적 친조부모, 부모, 삼촌과 숙모, 형제자매, 외조부모 등 친인척 또는 내담자에게 영향을 주었던 주변의 다른 사람들을 포함하여 그들의 직업, 경력, 직업 포부, 직업선택 등을 그림으로 나타낸 것이다. 진로가계도를 그린 후에 확인할 내용은 가족들이 자신의 직업에 대해 어느 정도 만족하는지, 어떻게 느끼고 생각하는지, 직업활동으로 얻은 혜택, 진로선택의 과정, 직업에 대한 전망 등이다.

○ **Answer** ○
6.② 7.④

8 합리적정서행동치료(REBT)의 A-B-C-D-E 모형에서 D의 의미는?

2019 국가직 9급

① 논박(Dispute)

② 계획(Design)

③ 실행(Doing)

④ 우울(Depression)

> **NOTE** A-B-C-D-E 모형
> ㉠ A(Activating Event) : 선행사건
> ㉡ B(Belief) : 신념, 믿음
> ㉢ C(Consequence) : 결과
> ㉣ D(Dispute) : 논박
> ㉤ E(Effect) : 효과

9 다음에서 설명하는 행동주의적 상담기법은?

2019 국가직 9급

- 점진적 이완훈련을 통해 긴장을 풀어준다.
- 불안을 일으키는 상황에 대한 불안위계표를 작성하게 한다.
- 내담자가 어떤 단계에서 불안을 느끼지 않고 그 상황을 상상하게 되면, 한 단계 높은 단계의 상황을 상상하도록 한다.
- 최고수준의 불안 유발 상황에서 불안을 느끼지 않고 상상할 수 있을 때까지 계속한다.

① 반조건형성　　　　　　　② 체계적 둔감법

③ 변별학습　　　　　　　　④ 강화

> **NOTE** 제시된 내용은 체계적 둔감법에 대한 설명이다.
> ① 내담자에게 불안을 형성시킨 장면에서 그보다 강하면서도 바람직한 반응을 연결시켜 부적절한 반응을 소거하는 방법
> ③ 바람직한 행동을 하면 강화를, 그렇지 않은 행동을 하면 벌을 주어 바람직한 행동과 그렇지 않은 행동을 변별할 수 있도록 하는 방법
> ④ 목표행동을 하면 원하는 자극을 제공해 주거나(정적 강화) 원치 않는 자극을 제거해 줌(부적 강화)으로써 바람직한 행동을 촉진하는 기법

───── ○ **Answer** ○ ─────

8.① 9.②

10 진로상담기법 중 직업카드 분류활동에 대한 설명으로 옳지 않은 것은?

2018 국가직 9급

① 내담자가 능동적으로 직업분류 과정에 참여하도록 한다.
② 즉각적으로 피드백을 제공할 수 있다.
③ 다양한 집단에 사용할 수 있다.
④ 내담자의 흥미를 알아보는 표준화된 검사도구이다.

> **NOTE** ④ 직업카드 분류활동은 내담자가 선택하고 싶은 것, 선택하고 싶지 않은 것, 의문이 있는 것으로 카드를 분류한 후 그 직업을 선택한 이유와 선택하지 않은 이유를 규명하고자 하는 활동이다.

11 인지 · 정서 · 행동치료(REBT)에서 가정하는 합리적 가치와 태도가 아닌 것은?

2018 국가직 9급

① 자기수용   ② 불확실성의 수용
③ 위험 감수   ④ 이상주의

> **NOTE** 엘리스는 합리적 가치와 태도로 자기관심, 자기지향, 자기수용, 과학적 사고, 반유토피아주의, 사회적 관심, 관용, 유연성, 몰입, 위험 감수, 불확실성의 수용 등을 들었다.

12 다위스(Dawis)와 롭퀴스트(Lofquist) 등이 개발한 MIQ(Minnesota Importance Questionnaire)에서 측정하는, 직업과 관련된 6가지 가치로 옳지 않은 것은?

2018 국가직 9급

① 지위(status)   ② 이타심(altruism)
③ 지속성(endurance)   ④ 자율성(autonomy)

> **NOTE** 미네소타 중요성 질문지(MIQ)는 직업적응에 기초한 검사도구 중 하나로 개인의 20가지 욕구와 6가지의 가치관을 측정하며 190개의 문항으로 구성된다.
> ※ MIQ의 6가지 가치
> ㉠ 성취 : 자신의 능력을 사용하여 성취감을 느끼는 것
> ㉡ 이타심 : 다른 사람과의 조화와 그들을 위한 마음
> ㉢ 자율성 : 독립적으로 활동하는 정도
> ㉣ 안락함 : 스트레스를 받지 않고 편안한 상태
> ㉤ 안정성 : 직업 등에 대한 안정감과 환경에 대한 예측 능력
> ㉥ 지위 : 타인으로부터 인정받을 수 있는 지위에 대한 가치

○ **Answer** ○
　　　　10.④ 11.④ 12.③

13 다음 설명에 공통으로 해당하는 직업상담 기법은?

2018 국가직 9급

> • 상담사가 내담자의 다양한 정보를 수집하고 내담자는 자신에 대해 체계적으로 이야기를 해나가면서 자신의 경험을 정리하고 자신의 삶의 방식을 알아가는 과정이다.
> • 진로사정, 일상적(전형적)인 하루, 강점과 약점, 요약의 네 부분으로 구성된다.

① 진로가계도
② 생애진로사정
③ 진로자서전
④ 면담 리드

NOTE 제시된 내용은 생애진로사정 기법에 대한 설명이다.
① 가족구성원의 직업을 그림으로 표시해 만든 것으로 제노그램이라고도 한다.
③ 내담자가 과거에 진로와 관련하여 어떤 의사결정을 했는지 알아보기 위해 학교 선택, 직업훈련, 경험 등에 대해 스스로 기술하게 하는 것을 말한다.

14 홀랜드(J. Holland)의 6각형모형에서 일관성(consistency)의 정도가 가장 낮은 성격유형은?

2019 국가직 9급

① RC
② SA
③ EC
④ IE

NOTE 홀랜드의 6각형모형의 정반대에 위치한 IE 성격유형이 일관성의 정도가 가장 낮다고 볼 수 있다.
※ 홀랜드의 6각형모형

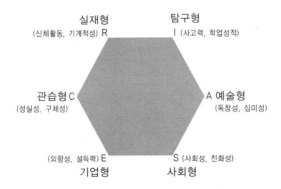

─── ∘ **Answer** ∘ ───
13.② 14.④

15 다음에서 설명하는 상담기법은?

2019 국가직 9급

> • 내담자가 표현한 내용에 대해 상담자가 새로운 의미와 가설을 부여한다.
> • 내담자로 하여금 문제해결의 길을 찾게 도와준다.

① 직면
② 명료화
③ 해석
④ 적극적 경청

> **NOTE** 제시된 내용은 해석에 대한 설명이다.
> ① 내담자의 행동, 사고, 감정에 있는 어떤 불일치나 모순에 도전하여 직면할 수 있도록 지적하는 상담자의 반응
> ② 내담자의 말에 내포되어 있는 뜻을 상담자의 말로 내담자에게 명확하게 말해 주거나 내담자의 모호한 진술 등을 분명히 말해 달라고 요청하는 것
> ④ 상담자가 주의산만을 피하고, 내담자에게 초점을 유지하면서 내담자가 표현하는 모든 감정, 행동, 생각을 이해하려는 노력

16 정보의 오류에 속하는 것이 아닌 것은?

① 분류 및 재구성하기
② 삭제
③ 참고자료의 결여
④ 제한된 어투 사용

> **NOTE** 정보의 오류에 속하는 것은 불확실한 인물의 사용, 불분명한 동사의 사용, 삭제, 참고자료의 결여, 제한된 어투 사용이 있다.

○ **Answer** ○

15.③ 16.①

17 집단상담이 부적절한 경우가 아닌 것은?

① 내담자가 위기에 처해있을 경우
② 내담자가 일탈적인 성적 행동을 보이고 있는 경우
③ 대인관계기술에 있어서 극도로 비효과적일 경우
④ 내담자가 공포증을 가지고 있을 경우

> **NOTE** 내담자가 공포증을 가지고 있을 경우가 아닌 비정상적으로 말하는 것에 대해 내담자가 공포증을 가지고 있을 경우이다.

18 집단상담의 목표로 옳지 않은 것은?

① 정체성을 확립할 수 있도록 도와준다.
② 대인관계 능력을 향상시킨다.
③ 생활환경에 보다 건전하게 적응할 수 있도록 해준다.
④ 개인이 자신을 이해하도록 이끌어 준다.

> **NOTE** 정체성을 확립할 수 있도록 도와주는 것은 집단상담의 목표에 해당하지 않는다.

19 부처(Butcher)의 집단직업상담 3단계에 속하지 않는 것은?

① 탐색단계
② 전환단계
③ 수정단계
④ 행동단계

> **NOTE** 부처(Butcher)의 집단직업상담 3단계는 탐색단계, 전환단계, 행동단계이다.

○ **Answer** ○
17.④ 18.① 19.③

20 면담법의 단점에 해당하지 않는 것은?

① 익명성이 보장되지 않는다.
② 응답내용이 면담자의 성향에 따라 달라질 수 있다.
③ 면담실시에 따른 시간과 경비가 경제적이다.
④ 면담기술이 부족하면 편견을 낳게 된다.

> **NOTE** 개별적으로 면담을 시행함에 있어서 시간과 경비가 많이 소요된다.

21 상담의 과정 중 상담자 및 내담자의 역할과 책임, 가능한 약속 등의 윤곽을 명백하게 하는 단계는?

① 관계심화의 단계
② 구조화 단계
③ 명료화 단계
④ 계획단계

> **NOTE** ① 상담자와 내담자 간의 관계를 더욱 심화하고 내담자의 문제해결을 위해 상담과정에 전력으로 참여한다.
> ③ 내담자의 문제를 명백히 하여 내담자가 도움을 청하는 원인과 문제의 배경을 밝힌다.
> ④ 상담을 끝맺거나 계속할 것을 결정할 때 필요한 여러 가지 계획을 세운다.

22 다음 중 개방적 질문의 형태가 아닌 것은?

① "시험이 끝나고서 기분이 어떠했습니까?"
② "지난주에 무슨 일이 있었습니까?"
③ "당신은 학교를 좋아하지요?"
④ "당신은 누이동생을 어떻게 생각하는지요?"

> **NOTE** 개방적 질문은 질문의 범위가 포괄적이고 내담자의 의견, 사고까지 끌어 낼 수 있으며 폐쇄적 질문은 범위가 좁고 한정되어 있으며 명백한 사실에 대한 답변을 요구하는 것으로 상담자와 내담자 간에 바람직한 관계가 형성되는 데 방해가 된다.

───── ○ **Answer** ○ ─────
20.③ 21.② 22.③

23 직업상담시 내담자의 표현을 분류하고 재구성하기 위해 사용하는 역설적 의도의 원칙에 해당하지 않는 것은?

① 재구성계획하기

② 저항하기

③ 시간제한하기

④ 변화 꾀하기

> **NOTE** Gysbers와 Moore가 제시한 '내담자의 정보수집 및 행동 이해기법(9가지)' 중 '분류 및 재구성하기'에서 사용하는 '역설적 의도의 원칙(12가지)'에 관한 문제이다. ②, ③, ④는 모두 이 원칙에 포함되어 있지만, ①은 포함되어 있지 않다.
> ※ 역설적 의도의 원칙… 이해하는 것 잊기, 증상 해결해 주기·결정하기, 저항하기, 목표행동 정하기, 변화전략 세우기, 시간 제한하기, 증상 기록하기, 변화 꾀하기, 내담자의 언어를 재구성하기, 지시를 따라 줄 것에 동의 구하기, 재발을 예견하기, 계몽하기 또는 관계 끊기

24 내담자의 인지적 명확성을 사정할 때 고려할 사항과 가장 거리가 먼 것은?

① 직장을 처음 구하는 사람도 직장생활을 하던 중 직업 전환을 하는 사람과 직업상담에 관한 접근은 동일하다.

② 내담자의 직장인으로서의 역할이 다른 생애 역할과 복잡하게 얽혀 있는 경우 생애 역할을 함께 고려한다.

③ 직업 상담에서는 내담자의 동기를 고려하여 상담이 이루어져야 한다.

④ 내담자가 우울증과 같은 심리적 문제로 인지적 명확성이 부족한 경우 진로문제에 대한 결정은 당분간 보류하는 것이 좋다.

> **NOTE** 직장을 처음 구하는 사람의 경우 자신에 대한 이해와 직업에 대한 이해가, 직업전환을 하려는 사람의 경우 직업전환 동기와 직업전환을 위한 준비가 필요하다.

○ **Answer** ○

23.① 24.①

25 상담사의 기본 기술 중 내담자가 전달하려는 내용에서 한 걸음 더 나아가 그 내면적 감정에 대해 반영하는 것은?

① 해석

② 공감

③ 명료화

④ 적극적 경청

> **NOTE** 상담자는 내담자가 표현하지 않은 내면적 감정에 대해 반영할 정도로 이해하고 공감해야 한다.

26 Bordin의 정신역년 제3회 시행동적 직업상담에서 사용하는 기법이 아닌 것은?

① 명료화

② 비교

③ 소망-방어 체계

④ 반응 범주화

> **NOTE** Bordin이 제시한 정신역동적 직업상담에서 사용할 수 있는 기법은 명료화, 비교, 소망-방어체계이다.

27 체계적 둔감화를 주로 사용하는 상담기법은?

① 정신역동적 직업상담

② 특성-요인 직업상담

③ 발달적 직업상담

④ 행동주의 직업상담

> **NOTE** 체계적 둔감화는 행동주의 직업상담에서 사용하는 불안을 제거하는 대표적인 기법이다.

Answer

25.② 26.④ 27.④

28 특성-요인 상담의 목표가 아닌 것은?

① 내담자가 감성적으로 생활하도록 한다.

② 내담자가 자기통제를 가능하도록 한다.

③ 내담자 자신이 필요로 하는 정보를 수집, 분석, 종합할 수 있도록 한다.

④ 내담자가 자신의 문제를 해결하도록 한다.

> **NOTE** 내담자가 이성적으로 생활하도록 한다.

29 내담자의 동기와 역할을 사정(assessment)하는 데 가장 많이 사용되는 방법은?

① 개인상담   ② 직업상담

③ 자기보고   ④ 심리치료

> **NOTE** 내담자의 동기(motivation)나 역할을 사정하는 데는 자기보고(self-report)법이 가장 많이 사용된다. 자기보고법은 내담자가 스스로 자기를 탐색하여 보게 하는 것으로 인지적 명확성이 있는 내담자에게 효과적이다.

30 경력 상담시 내담자의 가족이나 선조들의 직업 특징에 대한 시각적 표상을 얻기 위해 도표를 만드는 방식은?

① 경력개발 프로그램   ② 제노그램

③ 경력 사다리   ④ 직업결정 나무

> **NOTE** 직업가계도(genogram)는 가족치료에서 기원하였으며, 직업상담의 초기에 사용하는 것으로 직업과 관련된 내담자의 가족력(가계)을 알아보는 기법이다. 직업가계도는 생애진로사정에서 직업상담가가 기본적인 생애역할(작업자, 학습자, 개인으로서의 역할)에 관한 정보에 가족으로서의 역할에 관한 정보를 추가하고자 할 때 사용한다. 직업가계도는 내담자의 생물학적 친조부모와 양조부모, 양친, 숙모와 삼촌, 형제자매 등의 직업들을 도해로 표시한 것이다. 이 외에도 내담자의 직업태도, 직업적 포부, 직업선택 등에 영향을 주었던 가족 외의 다른 사람들도 포함시킨다.

○ **Answer** ○

28.①   29.③   30.②

31 Bordin의 정신역동적 직업상담 모형에서 제시한 진단분류가 아닌 것은?

① 자아갈등

② 직업선택에 대한 불안

③ 의존성

④ 비현실성

> **NOTE** 비현실성(비현실형)은 Crites의 직업 문제유형 분류에 해당한다.
> 보딘(Bordin)은 진단의 중요성을 강조하였으며, 진로문제의 심리적 원인이 드러나도록 진로문제의 유형을 분류해야 한다고 주장하였다.
> ※ 보딘의 진로문제 유형 분류… 의존성, 정보의 부족, 내적 갈등(자아갈등), 선택의 불안, 확신의 부족(불확신)

32 내담자의 정보를 수집하고 행동을 이해하고 해석하는 데 사용되는 상담기법 중 다음의 경우는 어떤 기법을 사용해야 되는가?

> • 이야기 삭제하기
> • 불확실한 인물 인용하기
> • 불분명한 동사 사용하기
> • 제한적 어투 사용하기

① 전이된 오류 정정하기

② 분류 및 재구성하기

③ 왜곡된 사고 확인하기

④ 저항감 재인식하기

> **NOTE** 전이된 오류 정정하기 … 전이된 오류는 정보의 오류, 한계의 오류, 논리적 오류로 구분할 수 있다.
> ㉠ 정보의 오류는 삭제, 불확실한 인물의 인용, 불분명한 동사의 사용, 참고자료, 제한적 어투의 사용 등이 해당된다.
> ㉡ 한계의 오류는 예외를 인정하지 않는 것, 불가능을 가정하는 것, 어쩔 수 없음을 가정하는 것 등으로 내담자가 자신의 기회 및 선택에 대한 견해를 제한하고 있는 경우이다.
> ㉢ 논리적 오류는 내담자가 논리적인 관계에 맞지 않는 진술을 함으로써 의사소통을 방해하는 경우이다.

Answer
31.④ 32.①

03. 직업상담의 기법 **109**

33 포괄적 직업상담 프로그램의 문제점에 해당하는 것은?

① 직업결정 문제의 원인으로 불안에 대한 이해와 불안을 규명하는 방법이 결여되어 있다.

② 직업상담의 문제 중 진학상담과 취업상담에 적합할 뿐 취업 후 직업적응 문제들을 깊이 있게 다루지 못하고 있다.

③ 직업선택에 미치는 내적 요인의 영향을 지나치게 강조한 나머지 외적 요인의 영향에 대해서는 충분하게 고려하고 있지 못하다.

④ 직업상담사가 교훈적 역할이나 내담자의 자아를 명료화하고 자아실현을 시킬 수 있는 적극적 태도를 취하지 않는다면 내담자에게 직업에 대한 정보를 효과적으로 알려줄 수 없다.

> **NOTE** 포괄적 직업상담은 특성-요인 상담, 인간중심적 상담, 발달적 상담, 정신역동적 상담, 행동주의적 상담 등 여러 가지 상담 이론들의 기법들을 절충하고 있다. 포괄적 직업상담을 포함한 대부분의 직업상담 이론들은 직업상담의 문제 중 진학상담과 취업상담에 적합할 뿐이고, 취업 후 직업적응 문제들을 깊이 있게 다루지 못하고 있다.

34 낮은 동기를 갖고 있는 내담자의 자기효능감을 증진시키기 위한 방법이 아닌 것은?

① 내담자의 장점을 강조하며 격려하기
② 긍정적인 단계를 강화하기
③ 내담자와 비슷한 인물이나 관련 자료 보여주기
④ 직업대안 규명하기

> **NOTE** 반두라(Bandura)가 제시한 자기효능감은 개인이 어떤 목표를 성취하기 위해 필요한 행동이나 활동을 성공적으로 수행할 수 있다는 자신의 능력에 대한 믿음(신념)을 의미한다. 자기효능감은 어떤 과제를 시도할지의 여부와 얼마나 잘 수행할지를 결정하며 높은 자기효능감은 긍정적인 자기평가를 촉진하고 지속적인 과제지향적인 노력을 하게 하여 높은 성취수준에 도달하게 하는 반면, 낮은 자기효능감은 부정적인 자기평가를 하게 하여 자신감이 결여되고 성취지향적 행동을 위축시킨다.

○ **Answer** ○

33.② 34.④

35 생애진로사정에 관한 설명으로 틀린 것은?

① 상담사와 내담자가 처음 만났을 때 이용할 수 있는 구조화된 면접기법으로 인쇄물이나 지필도구를 활용하면서 진행한다.
② Adler의 개인차 심리학에 기초하여 내담자와 환경과의 관계를 이해하는 데 도움을 주는 면접기법이다.
③ 비판단적, 비위협적이고 대화적인 분위기로 전개되어 내담자와 긍정적인 관계를 형성하는 데 도움이 된다.
④ 생애진로사정에서는 작업자, 학습자, 개인의 역할 등을 포함한 다양한 생애역할에 대한 정보를 탐색해간다.

> **NOTE** 생애진로사정에서는 인쇄물이나 지필도구 등은 사용하지 않는다.

36 Parsons가 제안한 특성-요인이론의 3가지 요소에 포함되지 않는 것은?

① 내담자 특성의 객관적인 분석
② 직업세계의 분석
③ 과학적 조언을 통한 매칭(matching)
④ 주변 환경의 분석

> **NOTE** Parsons의 직업상담의 3요인
> ① 자신에 대한 이해 : 능력, 적성, 흥미, 성격 등 각 직업에서의 성공 여부에 영향을 미치는 개인의 특성을 파악
> ② 직업에 대한 이해 : 특정한 직업에서의 성공을 위해 요구되는 조건
> ③ 개인과 직업의 매칭 : 상담자는 개인의 특성에 적합한 직업이 짝지어질 수 있도록 과학적 매칭

──○ **Answer** ○──
35.① 36.④

37 직업상담에서 이루어지는 일반적인 상담과정의 사정단계를 바르게 나열한 것은?

| ㉠ 내담자의 동기 존재 | ㉡ 내담자의 자기진단 탐색 |
| ㉢ 내담자의 자기진단 | ㉣ 인지적 명확성 존재 |

① ㉠→㉢→㉡→㉣
② ㉢→㉡→㉣→㉠
③ ㉡→㉠→㉣→㉢
④ ㉣→㉠→㉢→㉡

> **NOTE** 인지적 명확성 존재→내담자의 동기 존재→내담자의 자기진단→내담자의 자기진단 탐색→진단가설 공유→내담자가 상담자의 견해를 수용

38 사이버 직업상담 기법으로 적합하지 않은 것은?

① 질문내용 구상하기
② 핵심 진로논점 분석하기
③ 진로논점 유형 정하기
④ 작업정보 가공하기

> **NOTE** 사이버 직업상담 기법으로는 다음의 단계를 거쳐 직업상담을 실시한다.
> ㉠ 자기노출 정도 및 주요 진로논점 파악하기
> ㉡ 핵심 진로논점 분석하기
> ㉢ 진로논점 유형 정하기
> ㉣ 답변 내용 구상하기
> ㉤ 직업정보 가공하기
> ㉥ 답변 작성하기

──── ○ **Answer** ○────
37.④ 38.①

39 Super가 제시한 발달적 직업상담 단계를 바르게 나열한 것은?

㉠ 문제탐색 및 자아개념 묘사		㉡ 현실검증	
㉢ 자아 수용 및 자아 통찰		㉣ 심층적 탐색	
㉤ 태도와 감정의 탐색과 처리		㉥ 의사결정	

① ㉠ → ㉡ → ㉢ → ㉣ → ㉤ → ㉥
② ㉠ → ㉣ → ㉢ → ㉡ → ㉤ → ㉥
③ ㉠ → ㉢ → ㉡ → ㉣ → ㉤ → ㉥
④ ㉠ → ㉡ → ㉣ → ㉢ → ㉤ → ㉥

> **NOTE** 수퍼(Super)의 발달적 직업상담 6단계
> ㉠ 문제 탐색 : 비지시적 방법에 의해 문제 탐색과 자아개념 표출
> ㉡ 심층적 탐색 : 심층적 탐색을 위해 지시적인 방법으로 직업탐색
> ㉢ 자아수용 : 자아수용과 통찰을 얻기 위해 사고와 감정 명료화
> ㉣ 현실검증 : 현실검증을 위해 심리검사, 직업정보 분석 등을 통해 자료 개발
> ㉤ 태도와 감정의 탐색과 처리 : 현실검증에서 얻어진 태도와 감정을 통해 비지시적으로 자기와 일의 세계 탐색
> ㉥ 의사결정 : 의사결정을 돕기 위한 대안과 행동 고찰

40 직업상담에서 직업카드분류법은 무엇을 알아보기 위한 것인가?

① 직업선택 시 사용가능한 기술
② 가족 내 서열 및 직업가계도
③ 직업세계와 고용시장의 변화
④ 직업선택의 동기와 가치

> **NOTE** 홀랜드의 6각형 이론과 관련된 직업카드 패키지(개발기관에 따라 80~200장의 직업카드로 구성)를 사용하여 직업을 선호군, 혐오군, 미결정 중성군으로 분류하도록 하고, 그렇게 분류한 이유를 말하게 하여 개인의 직업선택의 동기 및 가치관을 탐색할 수 있다. 최종적으로 선호군들에 대한 직업정보를 제공한다.

○ **Answer** ○
39.② 40.④

41 다음은 인지적 명확성이 부족한 내담자와의 상담내용이다. 상담사가 주로 다루고 있는 내담자 특성은?

내담자 : 사람들이 요즘은 교수직을 얻기가 어렵다고들 해요.

상담사 : 어떠한 사람들을 이야기하시는지 짐작이 안 되네요.

내담자 : 모두 다예요. 제가 상의할 수 있는 상담사, 담당 교수님들, 심지어는 교사인 친척들까지도요. 정말 그런가요?

상담사 : 그래요? 그럼 사실이 어떤지 알아보도록 하죠.

---

① 파행적 의사소통
② 구체성의 결여
③ 가정된 불가능
④ 강박적 사고

> **NOTE** 내담자는 "사람들이 요즈음 교수직을 얻기가 어렵다고들 해요"라고 말함으로써, 구체적으로 어떤 사람들이 그런 말을 했는지 밝히지 않고 있다.

42 초기면담시 성공적인 상담관계를 위해 "상담사가 길을 전혀 잃어버리지 않고 마치 자신이 내담자 세계에서의 경험을 갖는 듯한 능력"을 의미하는 주요 요소는?

① 직면
② 즉시성
③ 리허설
④ 감정이입

> **NOTE** 감정이입… 내담자의 경험, 감정, 사고, 신념 등을 내담자의 관점과 입장에서 듣고, 느끼고, 이해하는 능력. 상대방의 감정을 공유하는 것으로 공감(empathy)이라고도 불린다. 상담자는 내담자가 외부로 표현한 느낌이나 사고뿐만 아니라 내담자가 표현하지 않은 내적 느낌이나 사고까지도 이해해야 한다.

○ **Answer** ○
41.② 42.④

43 특성-요인 직업 상담의 과정에서 내담자가 능동적으로 참여하는 단계는?

① 상담 또는 치료 단계   ② 분석 단계

③ 진단 단계   ④ 종합 단계

> **NOTE** 특성-요인 직업상담은 ① 분석→② 종합→③ 진단→④ 예후 또는 처방→⑤ 상담(치료)단계
> →⑥ 추수지도(추후지도)의 여섯 단계를 거쳐 진행된다.

44 직업상담기법에 관한 설명으로 틀린 것은?

① 은유사용하기 : 내담자가 이야기 속에서 문제해결방법을 통하여 자신의 문제해결의 실마리를 찾는다.

② 논리적 오류 : 다른 사람의 경험에 대하여 직접 의사소통을 해보지 않고 그 사람의 마음을 읽을 수 있다고 자신하는 사람에게 사용된다.

③ 의미있는 질문 사용하기 : 자신과 그들의 세계를 다른 각도에서 바라볼 수 있는 기회를 주는 것이며 자아개념이 낮은 내담자에게 효과가 있다.

④ 근거없는 믿음 확인하기 : 거절에 대하여 두려워할 필요가 없으며 모든 사람이 원하는 직업을 다 갖는 것이 아니며 거절당한다는 것은 특별한 직업을 갖지 못한다는 것이다.

> **NOTE** 기즈버스와 무어(Gysbers & Moore)가 제시한 '내담자의 정보 및 행동 이해기법(9가지)'에 관한 문제로, ③은 분류 및 재구성하기에 대한 설명이다.

45 직업상담에서 도움이 되는 면담행동이 아닌 것은?

① 이해가능하고 명료한 말을 사용한다.

② 충고한다.

③ 가끔 고개를 끄덕인다.

④ 개방적 질문을 한다.

> **NOTE** 도움이 되지 않는 면담행동 중에서 대표적인 것은 충고하는 것이다. 상담자의 임무는 내담자가 스스로 해결책을 찾을 수 있도록 도와주는 것이다.

○ **Answer** ○
43.① 44.③ 45.②

46 Adler가 생애진로 주제를 이해하기 위해서 활용한 3가지 차원에 해당하지 않는 것은?

① 작업자 역할

② 학습자 역할

③ 개인적 역할

④ 기술자 역할

    NOTE Adler가 생애진로 주제를 확인하고 분석하기 위해서 활용한 생애역할 모형은 작업자 역할, 학습자 역할, 개인적 역할의 3가지 차원으로 구성된다.

47 상담사와 내담자가 처음 만났을 때 사용해 볼 수 있는 구조화된 면접기법으로 내담자의 정보와 행동을 이해하는데 도움을 주는 것은?

① 생애진로사정

② 직업지도프로그램

③ 직무분석

④ 긴장완화프로그램

    NOTE 생애진로사정은 초기면담 시 사용하기에 적절한 구조화된 면담기법이다.

48 일반적으로 상담자가 갖추어야 할 기법 중 내담자가 전달하려는 내용에서 한 걸음 더 나아가 그 내면적 감정에 대해 반영하는 것은?

① 해석   ② 공감

③ 명료화   ④ 직면

    NOTE ② 내담자의 내면적 감정에 대해 반영함으로써 내담자가 이해받고 있다는 느낌을 받을 수 있다.

○ **Answer** ○

46.④ 47.① 48.②

49 다음 중 윌리암슨이 분류한 진로선택의 문제에 해당하지 않는 것은?

① 직업선택의 확신부족

② 현명하지 못한 직업선택

③ 가치와 흥미의 불일치

④ 직업 무선택

> **NOTE** 윌리암슨이 분류한 진로선택의 문제
> ㉠ 직업선택의 확신부족
> ㉡ 현명하지 못한 직업선택
> ㉢ 흥미와 적성의 불일치
> ㉣ 직업 무선택(무결정)

50 특성-요인 직업상담에서 윌리암슨이 검사의 해석단계에서 이용할 수 있다고 제시한 상담기법이 아닌 것은?

① 직접충고   ② 해석

③ 설득   ④ 설명

> **NOTE** ② 해석은 보딘(Bordin)의 정신역동적 상담기법 중 하나이다.

51 Ginzberg가 제시한 직업발달단계를 바르게 나열한 것은?

① 잠정기 → 환상기 → 현실기

② 환상기 → 잠정기 → 현실기

③ 성장기 → 탐색기 → 확립기 → 유지기 → 은퇴기

④ 성장기 → 확립기 → 탐색기 → 유지기 → 은퇴기

> **NOTE** 긴즈버그의 직업발달단계
> ㉠ 환상기 : 유년기(11세 이전)
> ㉡ 잠정기 : 초기 청소년기(11~17세)
> ㉢ 현실기 : 청소년 중기(17세~청장년기)

○ **Answer** ○
49.③ 50.② 51.②

52 다음 중 의사결정의 촉진을 위한 '6개의 생각하는 모자(six thinking hats)'기법의 모자색상별 역할에 관한 설명으로 옳은 것은?

① 청색 – 낙관적이며 모든 일이 잘 될 것이라고 생각한다.
② 백색 – 본인과 직업들에 대한 사실들만을 고려한다.
③ 흑색 – 직관에 의존하고 직감에 따라 행동한다.
④ 황색 – 새로운 대안들을 찾으려 노력하고 문제들을 다른 각도에서 바라본다.

> **NOTE** 에드워드 드 보노(Edward de Bono)의 '의사결정 촉진을 위한 6개의 생각하는 모자'
> ㉠ 백색 : 명백한 데이터, 통계수치와 같이 객관적이며 중립적인 사실적 정보 제시
> ㉡ 빨강 : 예감, 감정, 기쁨, 노여움과 같은 감정적인 느낌 제시
> ㉢ 초록 : 아이디어, 창조적 의견 등의 여러 가지 자유로운 의견 제시
> ㉣ 노랑 : 장점, 이득, 희망을 줄 수 있는 긍정적인 의견 제시
> ㉤ 검정 : 제시된 의견, 사물에 대한 신중하고 비판적이며 부정적인 의견 제시
> ㉥ 파랑 : 모든 의견의 최종 요약정리 및 방향 제시

53 내담자의 흥미를 사정하는 목적과 가장 거리가 먼 것은?

① 여가선호와 직업선호 구별하기
② 자기인식 발전시키기
③ 직업, 교육상 불만족 원인 규명하기
④ 여가대안 규명하기

> **NOTE** 흥미를 사정하는 목적
> ㉠ 여가선호와 직업선호 구별하기
> ㉡ 자기인식 발전시키기
> ㉢ 직업, 교육상 불만족 원인 규명하기
> ㉣ 직업대안 규명하기
> ㉤ 직업탐색을 조장하기

Answer
52.② 53.④

54 다음에서 설명하고 있는 생애진로사정의 주요 부분은?

> 개인이 자신의 생활을 어떻게 조직하는지를 발견하는 것이다. 내담자가 그들 자신의 생활을 체계적으로 조직하는지 아니면 매일 자발적으로 반응하는지 결정하는 데 도움을 준다.

① 진로사정
② 전형적인 하루
③ 강점과 장애
④ 요약

> **NOTE** 생애진로사정 구조
> ㉠ 진로사정 : 일의 경험, 교육 또는 훈련과정, 여가 등의 정보를 알아본다.
> ㉡ 전형적인 하루 : 개인이 자신의 생활을 어떻게 조직하는지를 발견하는 것이다. 내담자가 그들 자신의 생활을 체계적으로 조직하는지 아니면 매일 자발적으로 반응하는지 결정하는 데 도움을 준다.
> ㉢ 강점과 장애 : 내담자가 다루고 있는 문제와 내담자를 돕기 위해 내담자가 마음대로 사용하는 자원에 대해 직접적인 정보를 준다.
> ㉣ 요약 : 면접을 하는 동안에 수집된 정보를 강조하고, 상담을 통해 목표를 성취하도록 자극하는 정보를 강조한다.

55 상담자에 대한 공감적 이해 과정에 관한 설명으로 틀린 것은?

① 공감적 이해를 위해서는 내담자의 입장에서 느끼고 생각해야 한다.
② 공감적 이해는 내담자의 자기 탐색과 수용을 촉진시킨다.
③ 공감적 이해란 상담자가 내담자의 주관적인 경험의 세계에 자신을 맞춰나가는 것이다.
④ 공감적 이해란 지금-여기에서의 내담자의 감정과 경험을 정확하게 이해하는 것이다.

> **NOTE** 공감적 이해란 상담자가 내담자의 입장이 되어 그 주관적 세계를 이해하는 것을 의미한다. 이때 상담자가 내담자의 입장이 되면서도 자신의 정체감을 잃지 말아야 한다.

∘ **Answer** ∘
54.② 55.③

56 직업상담 시 한계의 오류를 가진 내담자들이 자신의 견해를 제한하는 방법과 가장 거리가 먼 것은?

① 예외를 인정하지 않는 것

② 불가능을 가정하는 것

③ 왜곡되게 판단하는 것

④ 어쩔 수 없음을 가정하는 것

> **NOTE** 한계의 오류
> ㉠ 예외를 인정하지 않는 것
> ㉡ 불가능을 가정하는 것
> ㉢ 어쩔 수 없음을 가정하는 것

57 자기보고식 가치사정법과 가장 거리가 먼 것은?

① 과거의 선택 회상하기

② 존경하는 사람 기술하기

③ 난관을 극복한 경험 기술하기

④ 백일몽 말하기

> **NOTE** 자기보고식 가치사정방법
> ㉠ 과거의 선택 회상하기
> ㉡ 존경하는 사람 기술하기
> ㉢ 백일몽 말하기
> ㉣ 자유시간과 금전의 사용
> ㉤ 절정경험 조사하기
> ㉥ 가치순위 매기기

◦ Answer ◦
56.③ 57.③

58 Ginzberg가 구분한 진로선택 과정 중 현실기의 하위단계가 아닌 것은?

① 탐색단계
② 구체화단계
③ 흥미단계
④ 특수화단계

> **NOTE** 긴즈버그(Ginzberg)의 진로발달단계 중 현실기의 하위 3단계 … 탐색단계 → 구체화단계 → 특수화단계

59 직업상담에서 저항을 다루는 방법으로 적합하지 않은 것은?

① 내담자와의 상담관계를 재점검한다.
② 내담자의 고통을 공감해 준다.
③ 내담자가 위협을 느끼지 않도록 한다.
④ 긴장이완법을 사용한다.

> **NOTE** 직업상담에서 내담자의 저항을 다루는 적합한 방법 … 내담자와의 관계형성을 재점검하고 진심으로 내담자의 정서적 반응을 공감해 주어야 한다.
> ④ 긴장이완법은 불안을 완화하기 위한 기법이다.

60 생애진로사정의 구조 중 전형적인 하루에서 검토되어야 할 성격차원은?

① 의존적 – 독립적 성격차원
② 판단적 – 인식적 성격차원
③ 외향적 – 내성적 성격차원
④ 감각적 – 직관적 성격차원

> **NOTE** 생애진로사정 … 진로사정, 전형적인 하루, 강점과 장애, 요약의 4가지 구조 중 전형적인 하루는 개인이 자신의 생활을 어떻게 조직하는지의 태도를 조명하는 영역으로 의존적–독립적 성격차원을 검토한다.

○ **Answer** ○
58.③ 59.④ 60.①

61 낮은 동기를 갖은 내담자의 자기효능감을 증진시키기 위한 방법에 포함되지 않는 것은?

① 내담자의 장점을 강조하며 격려하기
② 긍정적인 단계를 강화하기
③ 내담자와 비슷한 인물이나 관련자료 보여주기
④ 직업대안 규명하기

> **NOTE** 낮은 동기를 갖은 내담자의 자기효능감을 증진시키기 위한 방법
> ㉠ 내담자의 장점을 강조하며 격려하기
> ㉡ 긍정적인 단계를 강화하기
> ㉢ 내담자와 비슷한 인물이나 관련자료 보여주기
> ㉣ 진로선택의 중요성 증가시키기
> ㉤ 기대 결과에 대한 확신 증가시키기

62 직업상담의 중재와 관련된 다음 단계들 중 '6개의 생각하는 모자' 기법은 무엇을 위한 것인가?

① 직업정보의 수집
② 의사결정의 촉진
③ 보유기술의 파악
④ 시간관의 개선

> **NOTE** 에드워드 드 보노(Edward de Bono)의 '의사결정 촉진을 위한 6개의 생각하는 모자'
> ㉠ 백색 : 명백한 데이터, 통계수치와 같이 객관적이며 중립적인 사실적 정보 제시
> ㉡ 빨강 : 예감, 감정, 기쁨, 노여움과 같은 감정적인 느낌 제시
> ㉢ 초록 : 아이디어, 창조적 의견 등의 여러 가지 자유로운 의견 제시
> ㉣ 노랑 : 장점, 이득, 희망을 줄 수 있는 긍정적인 의견 제시
> ㉤ 검정 : 제시된 의견, 사물에 대한 신중하고 비판적이며 부정적인 의견 제시
> ㉥ 파랑 : 모든 의견의 최종 요약정리 및 방향 제시

○ **Answer** ○
61.④ 62.②

63 마이어스-브릭스의 유형지표에 관한 설명으로 틀린 것은?

① 자기보고식의 강제선택 검사이다.
② 판단형과 지각형의 성격차원은 지각적 또는 정보수집적 과정과 관계가 있다.
③ 외향형과 내향형의 성격차원은 세상에 대한 일반적인 태도와 관계가 있다.
④ 내담자가 선호하는 작업 역할, 기능, 환경을 찾아내는 데 유용하다.

> **NOTE** 마이어스-브릭스(MBTI)의 유형지표
> ㉠ 외향형(E)-내향형(I) : 에너지의 방향, 세상에 대한 일반적인 태도
> ㉡ 감각형(S)-직관형(N) : 정보수집의 인식기능
> ㉢ 사고형(T)-감정형(F) : 의사결정의 판단기능
> ㉣ 판단형(J)-인식형(P) : 생활양식, 행동양식

64 다음 중 생애진로사정에 관한 설명으로 옳은 것은?

① 직업상담에서 생애진로사정은 초기단계보다는 중·말기단계 면접법으로 사용된다.
② 생애진로사정은 Adler의 개인심리학에 기초를 둔다.
③ 가계도는 원래 행동주의 심리치료기법이다.
④ 생애진로사정에서는 여가생활, 친구관계 등과 같이 일과 직접적으로 관련이 없는 주제는 제외된다.

> **NOTE** Adler의 개인심리학에 기초를 둔 생애진로사정
> ㉠ 직업상담에서 초기단계 면접법으로 사용된다.
> ㉡ 가계도는 가족치료이론에 기원을 두고 있다.
> ㉢ 일, 사회, 성(우정)의 3대 평생과제에 관련된 내용을 다룬다.

○ **Answer** ○
63.② 64.②

65 다음 내담자와 상담자의 대화 중 내담자가 범하고 있는 한계의 오류와 이에 대한 상담자의 개입이라 볼 수 있는 것은?

① "나는 사장님께 말을 할 수 없어요." – "사장님과 대화할 수 있는 방법을 모르시는 것이겠지요.

② "우리 상사는 나와 일하는 것을 불편하게 생각해요." – "그 사실을 어떻게 그렇게 잘 아시지요?"

③ "그 사람들은 나를 이해하지 못해요." – "누가 당신을 이해하지 못한다는 거지요?"

④ "우리 상관은 나를 무시하려 들지요." – "당신의 상관께서 특별히 어떤 점에서 무시한다는 생각이 드나요?"

> **NOTE** ② 논리적 오류
> ③ 정보의 오류 중 불확실한 인물을 인용
> ④ 정보의 오류 중 불분명한 동사를 사용

66 다음에 대해 가장 수준이 높은 공감적 이해와 관련된 반응은?

> "우리 집은 왜 그리 시끄러운지 모르겠어요. 집에서 영 공부할 맘이 없어요."

① 시끄러워도 좀 참고 하지 그러니.
② 그래, 집이 시끄러우니까 공부하는데 많이 힘들지?
③ 식구들이 좀 더 조용히 해주면 공부를 더 잘 할 수 있을 것 같단 말이지.
④ 공부하기 싫으니까 핑계도 많구나.

> **NOTE** 내담자가 표현하고자 했던 내면적 의미들을 잘 표현하여 내담자는 상담자로부터 높은 수준의 공감인 이해를 받고 있다는 느낌을 확연히 느낄 수 있다.

Answer
65.① 66.③

67 다음 중 내담자중심적 상담자가 심리검사를 사용할 때의 활동원칙과 가장 거리가 먼 것은?

① 검사결과의 해석에 내담자가 참여하도록 한다.

② 검사결과를 전할 때는 명확하게 하기 위해 평가적인 언어를 사용한다.

③ 내담자가 알고자 하는 정보와 관련된 검사의 가치와 제한점을 설명한다.

④ 검사결과를 입증하기 위한 더 많은 자료가 수집될 때까지는 시험적인 태도로 조심스럽게
제시되어야 한다.

> **NOTE** 심리검사 해석 시 유의할 점
> ㉠ 전문적인 자질과 경험을 갖춘 사람이 검사결과를 해석해야 한다.
> ㉡ 검사결과 해석에 내담자가 참여하도록 한다.
> ㉢ 낙인찍히지 않도록 해야 한다.
> ㉣ 다른 검사나 관련 자료를 함께 고려하여 결론을 내린다.
> ㉤ 검사결과를 전할 때 내담자가 알기 쉬운 용어를 사용하여 전달한다.

68 직업상담 시 내담자의 가족이나 선조들(부모, 조부모 및 친인척)의 직업특징에 대한 시각적 표상
을 얻기 위해 만드는 도표는 무엇인가?

① 기대표

② 생활사

③ 제노그램

④ 프로파일

> **NOTE** 제노그램(genogram) … 직업가계도는 가족치료이론에 기원을 두었으나, 직업상담 장면에서 가족
> 이나 선조들의 직업특성을 도해로 표시하여 분석하고 이해하는 데 사용한다.

---○ **Answer** ○---
67.② 68.③

69 Ellis가 제시한 인지적-정서적 상담(RET) 과정을 바르게 나열한 것은?

① 사건 - 신념 - 결과 - 논박 - 효과

② 신념 - 사건 - 결과 - 논박 - 효과

③ 결과 - 사건 - 신념 - 논박 - 효과

④ 논박 - 사건 - 신념 - 결과 - 효과

> **NOTE** 앨버트 엘리스(Elbert Ellis)의 RET이론 - ABCDEF모형
> ㉠ 선행사건(Activating Events - A) : 개인에게 정서적 혼란을 야기하는 사건, 행위의 발생
> ㉡ 신념체계(Beliefs - B) : 선행사건에 대해서 개인이 갖는 태도 또는 사고방식으로 비합리적 신념 (Irrational Beliefs - iB)과 합리적 신념(Rational Beliefs - RB)이 있다.
> ㉢ 결과(Consequence - C) : 선행사건에 대한 비합리적 신념으로 인해 생기는 불안, 원망, 비판, 좌절감 등의 정서적 결과를 말한다.
> ㉣ 논박(Dispute - D) : 자신이 가지고 있는 비합리적 신념에 대해 논리적인 원리들을 제시하여 비합리적 신념을 바꾸거나 포기하도록 한다.
> ㉤ 효과(Effect - E) : 내담자의 비합리적 신념을 철저하게 논박하여 합리적 신념으로 대치한 다음 느끼는 자기 수용적 태도와 긍정적 감정으로 바람직한 행동으로 변화시킨다.
> ㉥ 감정(Feeling - F) : 이러한 과정을 통해 변화된 자신에 대해 어떠한 감정이 드는지를 살펴본다.

70 다음은 상담기법 중 무엇에 관한 설명인가?

> 문제를 있는 그대로 확인시켜 주어 내담자가 문제와 맞닥뜨리도록 함으로써, 내담자로 하여금 현실적인 대처방안을 찾을 수 있도록 도전시키는 과정

① 자유연상   ② 반영

③ 직면   ④ 명료화

> **NOTE** ① 생각이나 기억이 아무 목적이나 의도 없이 자연스럽게 표현되는 것. 꿈·백일몽·공상 등, 정신치료나 정신분석에서 흔히 볼 수 있는 현상이며, 자유스러운 연상에서 표현되는 내용이나 감정 등을 통해서 무의식적으로 지니고 있는 동기나 욕망을 가려낼 수 있다.
> ② 내담자가 표현한 태도나 감정을 상담자가 다른 참신한 말로 부연해 주어 내담자의 감정을 이해하고 있다는 인식을 준다.
> ④ 내담자의 말 속에 포함되어 있는 불분명한 측면을 상담자가 분명하게 밝히는 반응이다.

○ **Answer** ○

69.① 70.③

71 Crites의 직업상담 문제유형 분류 중 불충족형에 관한 설명으로 옳은 것은?

① 흥미를 느끼는 분야도 없고 적성에 맞는 분야도 없는 사람이다.

② 흥미를 느끼는 분야는 있지만 그 자신의 적성수준보다 낮은 적성을 요구하는 직업을 선택하는 사람이다.

③ 가능성이 많아서 흥미를 느끼는 직업들과 적성에 맞는 직업들 사이에서 결정을 내리지 못하는 사람이다.

④ 흥미를 느끼는 분야는 있지만 그 분야에 대해 적성을 가지고 있지 못하는 사람이다.

> **NOTE** 크라이티스(Crites)의 직업상담 문제유형
> ㉠ 적응성의 문제 : 적응형과 부적응형
> ㉡ 결정성의 문제 : 다재다능형, 우유부단형
> ㉢ 현실성의 문제 : 불충족형, 비현실형, 강압형

72 다음은 직업상담 모형 중 어떤 직업상담에 관한 설명인가?

> ㉠ 직업선택에 미치는 내적요인의 영향을 강조한다.
> ㉡ 특성－요인 접근법과 마찬가지로 '사람과 직업을 연결시키는 것'에 기초를 두고 있다.
> ㉢ 상담과 검사해석의 기법들은 내담자 중심 접근을 많이 따르고 있지만 '비시지적' 및 '반영적' 태도 외에도 다양한 접근방법들을 포함하고 있다.

① 포괄적 직업상담

② 정신역동적 직업상담

③ 발달적 직업상담

④ 행동주의 직업상담

> **NOTE** 정신역동적 직업상담 과정
> ㉠ 탐색과 계약설정
> ㉡ 중대한 결정단계
> ㉢ 변화를 위한 노력단계

○ **Answer** ○

71.② 72.②

73 다음 면담에서 인지적 명확성이 부족한 내담자의 유형과 상담자의 개입방법이 바르게 짝지어진 것은?

> 내담자 : 난 사업을 할까 생각 중이에요. 그런데 그 분야에서 일을 하는 여성들은 대부분 이혼을 한 대요.
> 상담자 : 선생님은 사업을 하면 이혼을 할까 봐 두려워하시는군요. 직장여성들의 이혼율과 다른 분야에 종사하는 여성들에 대한 통계를 알아보도록 하죠.

① 구체성의 결여 – 구체화시키기
② 파행적 의사소통 – 저항에 다시 초점 맞추기
③ 강박적 사고 – RET 기법
④ 원인과 결과 착오 – 논리적 분석

> **NOTE** 원인 – 일하는 여성으로 인해 / 결과 – 이혼을 한다는 것
> 원인과 결과 착오는 논리적 분석으로 개입하여야 한다.

74 집단상담의 특징에 대한 설명으로 옳지 않은 것은?

① 집단상담은 상담사들이 제한된 시간 내에 적은 비용으로 보다 많은 내담자들에게 접근하는 것을 가능하게 한다.
② 효과적인 집단에는 언제나 직접적인 대인적 교류가 있으며 이것이 개인적 탐색을 도와 개인의 성장과 발달을 촉진시킨다.
③ 집단은 시간을 낭비하는 집단과정의 문제에 집착하게 되어 내담자의 개인적인 문제를 등한시 할 수 있다.
④ 집단에서는 구성원 각자의 사적인 경험을 구성원 모두가 공유하지 않기 때문에 비밀유지가 쉽다.

> **NOTE** ④ 집단에서는 구성원 각자의 사적인 경험을 구성원 모두가 공유하게 된다. 따라서 내담자를 위한 비밀보장이 필요한 경우에 집단상담은 부적합할 수 있다.

○ **Answer** ○
73.④ 74.④

75 상담과정에서 내담자에게 상담과정에 대해 의도적으로 설명하거나 제약을 가하는 상담기법에 해당하는 것은?

① 구조화
② 명료화
③ 해석
④ 반영

> **NOTE** 구조화 … 상담초기 상담의 틀을 정하는 과정으로 상담자와 내담자의 역할과 책임, 상담장소, 상담목표설정, 상담회기 및 시간, 비용 등을 약속하는 과정이다.

76 내담자가 빈 의자(Empty chair)를 앞에 놓고 어떤 사람이 실제 앉아 있는 것처럼 상상하면서 이야기를 하는 치료기법은 어떤 상담기법에 해당하는가?

① 게슈탈트(Gestalt) 상담
② 현실요법적 상담
③ 동양적 상담
④ 역설적 상담

> **NOTE** 빈 의자 치료기법은 게슈탈트 상담에서 사용된다.

77 상담 중의 질문에 대한 설명으로 옳지 않은 것은?

① 간접적 중의 질문에 대한 설명질문보다는 직접적 질문이 더 효과적이다.
② 폐쇄적 질문보다는 개방적 질문이 더 효과적이다.
③ 이중질문은 상담에서 결코 도움이 되지 않는다.
④ "왜"라는 질문은 가능하면 피해야 한다.

> **NOTE** 상담 중에 질문에 있어서는 직접적 질문보다는 간접적 질문이 더 효과적이다.

○ **Answer** ○
75.① 76.① 77.①

78 수퍼(Super)의 이론이나 그의 생애진로 무지개 개념에 관한 설명으로 옳지 않은 것은?

① 사람은 동시에 여러 가지 역할을 함께 수행하며 발달단계마다 다른 역할에 비해 중요한 역할이 있다.

② 인생에서 진로발달과정은 전 생애에 걸쳐 계속되며 성장, 탐색, 정착, 유지, 쇠퇴 등의 대주기를 거친다.

③ 진로발달에는 대주기 외에 각 단계마다 같은 성장, 탐색, 정착, 유지, 쇠퇴로 구성된 소주기가 있다.

④ 수퍼(Super)의 이론은 생애진로발달과정에서 1회적인 선택과정에 대해 구체적으로 잘 설명한다.

> **NOTE** 수퍼(Super)의 생애진로발달과정 이론에서는 직업선택과 적응은 일생을 통하여 변화하는 일련의 계속적인 과정이라고 한다.

79 직업상담에 대한 설명으로 옳지 않은 것은?

① 직업상담에서는 내담자의 안전이나 사회적 적응방법으로 직업문제를 인식하는 것이므로 일반상담에서 사용되는 심리치료를 포함하고 있다.

② 직업상담은 개인의 외적·내적 문제를 다루므로 개인의 내적 문제를 다루는 심리치료보다 더 필요하다.

③ 직업상담은 생애역할과 다른 생애역할과의 통합의 부적절과 불만족을 포함한 것이다.

④ 잘못된 논리체계에 의한 인지적 명확성이 부족한 내담자에게는 직업상담을 실시한 후 개인상담을 해야 한다.

> **NOTE** 인지적 명확성을 확실하게 하기 위하여 개인상담을 실시한 후 직업상담을 해야 한다.

○ **Answer** ○
78.④ 79.④

80 다음의 행동 특성이 올바르게 연결된 것은?

(가) • 점심을 먹으면서도 서류를 보면서 먹는다.

   • 아무 것도 하지 않고 쉬면 견딜 수 없다.

   • 주말이나 휴일에도 쉴 수가 없다.

(나) • 열심히 일을 했지만 성취감보다는 허탈감을 느낀다.

   • 인생에 환멸을 느낀다.

   • 불면증이 생긴다.

---

① (가) : 내적 통제소재　　　(나) : 외적 통제소재

② (가) : A형 성격　　　　　(나) : B형 성격

③ (가) : 과다 과업지향성　　(나) : 과다 인간관계지향

④ (가) : 일 중독증　　　　　(나) : 소진

> **NOTE** (가) : 일 중독증의 특성을 보인다. 이들은 자기의 삶보다는 직장이 우선이고, 고향 친구들보다는 직장에서의 인간관계가 중요하고, 자신의 욕구보다는 일이 더 중요하다. 자신과 가족의 개인적인 삶이나 욕구는 제쳐둔 채 가정보다는 일을 우선하는 사람들이 보이는 심리적, 행동적 현상을 '과잉 적응 증후군' 또는 '일 중독증'이라고 한다.
> (나) : 일에 자신의 에너지를 다 쏟아 붓다가 어느 순간 일로부터 자신이 소외당하면서 겪는 심리적, 행동적 증상을 나타내며 이는 '정열소진 증후군', 또는 '탈진 증후군'이라고 한다.

81 효과적인 집단상담을 위해 고려해야 할 사항이 아닌 것은?

① 집단발달과정 자체를 촉진시켜 주기 위하여 의도적으로 게임을 활용할 수 있다.

② 매 회기가 끝난 후 각 집단 구성원에게 경험보고서를 쓰게 할 수 있다.

③ 집단 내의 리더십을 위해 집단 상담자는 반드시 1인이어야 한다.

④ 집단상담 장소는 가능하면 신체활동이 자유로운 크기가 좋다.

> **NOTE** 반드시 집단 상담자가 1인이어야 하는 것은 아니다.

○ Answer ○

82 자신에 대한 탐구 프로그램의 내용에 해당하지 않는 것은?

① 타인이 판단하는 자신의 모습
② 과거 위인의 생애와 자신의 생애 비교
③ 자신의 능력 평가
④ 가족관계

> **NOTE** 자신에 대한 탐구 프로그램에는 타인이 판단하는 자신의 모습을 예상해 보거나, 과거 위인의 생애와 자신의 생애 비교, 자신의 능력을 평가해보는 방법이 있다.

83 진로집단상담에 대한 설명으로 옳지 않은 것은?

① 어느 정도 책임 의식이 있는 구성원을 선발한다.
② 탐색, 전이, 행동의 3단계를 겪는다.
③ 다양한 수준의 발달단계에 있는 구성원으로 한다.
④ 성별에 따라 집단에 대한 기대감, 집단경험에 차이가 있다.

> **NOTE** 유사한 문제를 가지고 있는 내담자를 구성원으로 해야 한다.

84 직업상담시 미결정자나 우유부단한 내담자에게 가장 우선시되어야 하는 직업상담 프로그램으로 옳은 것은?

① 미래사회 프로그램
② 직업세계이해 프로그램
③ 자신에 대한 탐구 프로그램
④ 취업효능감증진 프로그램

> **NOTE** 내담자가 직업상담 시 직업을 결정하지 못하였거나 우유부단하다면, 내담자 자신의 장점이나 특징에 대해서 개방된 평가를 하도록 도와 문제해결을 할 수 있도록 격려한다.

○ **Answer** ○
82.④ 83.③ 84.③

85 진로상담 및 직업상담의 과정을 순서대로 바르게 나열한 것은?

① 상담목표의 설정→관계수립 및 문제의 평가→문제해결을 위한 개입→훈습→종결
② 관계수립 및 문제의 평가→상담목표의 설정→문제해결을 위한 개입→훈습→종결
③ 상담목표의 설정→관계수립 및 문제의 평가→훈습→문제해결을 위한 개입→종결
④ 관계수립 및 문제의 평가→훈습→상담목표의 설정→문제해결을 위한 개입→종결

> **NOTE** 진로상담과정…관계수립 및 문제의 평가→목표의 설정→문제해결을 위한 개입→훈습→종결 및 추수지도

86 상담관계의 틀을 구조화하기 위해서 다루어야 할 요소가 아닌 것은?

① 상담자의 역할과 책임　　　　　② 상담의 목표
③ 내담자의 성격　　　　　　　　④ 상담시간과 장소

> **NOTE** 상담의 구조화
> ㉠ 의의: 내담자에게 상담에서 내담자의 역할과 책임, 상담자와의 역할과 관계에서의 책임 등을 인식시키는 과정이다.
> ㉡ 방법
> • 상담 관계에 대한 구조화: 내담자의 역할, 상담자 역할, 관계의 성격 등
> • 상담에 대한 구조화: 상담시간, 상담장소, 빈도, 횟수, 연락방법 등
> • 비밀보장: 비밀보장이 안 되는 경우에 대한 정보

87 면담법의 종류로 옳지 않은 것은?

① 구조화된 면담법　　　　　　　② 비구조화된 면담법
③ 신뢰구조화된 면담법　　　　　④ 반구조화된 면담법

> **NOTE** 면담법의 종류로는 구조화된 면담법, 비구조화된 면담법, 반구조화된 면담법이 있다.

○ **Answer** ○

85.② 86.③ 87.③

88 다음 설명은 인지적 명확성의 원인과 관련하여 어떤 직업상담과정이 필요한가?

- 자기가 경험할 역할 이외에 대해서는 생각하지 못하는 데서 오는 낮은 자기효능감으로 인하여 다른 선택사항에 대한 고려를 방해한다.
- 비논리적 사고나 다른 배제적 사고유형에서 나오는 의사결정을 방해한다.
- 잘못된 결정방식이 진지한 결정을 방해한다.

---

① 고정관념이 그 원인이므로 직업상담을 실시한다.
② 경미한 정신건강이 그 원인이므로 다른 치료 후에 직업상담을 실시한다.
③ 자신과 직업에 대한 정보결핍이 그 원인이므로 직업상담을 실시한다.
④ 직업문제에 대해 집중하는 데 어려움이 있는 것이 그 원인이므로 개인상담 후 직업상담을 실시한다.

> **NOTE** 인지적 명확성의 범위, 즉 정보결핍, 고정관념, 경미하거나 심각한 정신건강문제 등에 따라 심리치료의 여부가 결정된다.

89 다음은 직업상담모형 중 어떤 직업상담에 관한 설명인가?

- 직업선택에 미치는 내적요인의 영향을 강조한다.
- 특성-요인 접근법과 마찬가지로 "사람과 직업을 연결시키는 것"에 기초를 두고 있다.
- 상담과 검사해석의 기법들은 내담자중심 접근을 많이 따르고 있지만 비지시적 및 반영적 태도 외에도 다양한 접근방법들을 포함하고 있다

---

① 정신역동적 직업상담
② 포괄적 직업상담
③ 발달적 직업상담
④ 행동주의 직업상담

> **NOTE** ① Bordin의 정신역동적 직업상담은 진로선택과 의사결정에 심리학적 요인을 중시하며, 정신분석이론을 뿌리에 두고 특성-요인이론인 사람과 직업을 연결하는 것에 기초를 두고, 비지시적, 내담자중심적 접근법인 인간중심 상담이론의 기법을 통합한 것이다.

○ **Answer** ○
88.② 89.①

90 직업상담의 기법 중, 비지시적 상담 규칙과 가장 거리가 먼 것은?

① 상담자는 내담자와 논쟁해서는 안 된다.

② 상담사는 내담자에게 질문 또는 이야기를 해서는 안 된다.

③ 상담사는 내담자에게 어떤 종류의 권위도 과시해서는 안 된다.

④ 상담사는 인내심을 가지고 우호적으로, 그러나 지적으로는 비판적인 태도로 내담자의 말을 경청해야 한다.

> **NOTE** ② 상담자는 허용적인 분위기에서 내담자와 질문과 이야기를 통해 상담을 하게 된다.
>
> ※ 비지시적 직업상담 규칙
> ㉠ 상담에서 상담자의 태도와 허용적인 분위기가 중요하다.
> ㉡ 상담자의 적극적인 개입없이 내담자 자신의 방식을 찾아갈 수 있는 내담자 역량 수준을 우선적으로 고려한다.
> ㉢ 상담자는 내담자와 논쟁해서는 안 된다.
> ㉣ 상담자는 내담자에게 어떤 종류의 권위도 과시해서는 안 된다.
> ㉤ 상담자는 인내심을 가지고 우호적으로, 그러나 지적으로는 비판적 태도로 내담자의 말을 경청해야 한다.

91 포괄적 직업상담에서 내담자가 지닌 직업상의 문제를 가려내기 위해 실시하는 변별적 진단 검사와 가장 거리가 먼 것은?

① 직업성숙도검사

② 직업적성검사

③ 직업흥미검사

④ 경력개발검사

> **NOTE** ④ 경력개발검사는 변별적 진단과 관계없다.
>
> ※ Crites 포괄적 직업상담 검사 유형
> ㉠ 변별적 진단 : 진로문제 진단−진로성숙도검사, 직업적성검사, 직업흥미검사 등
> ㉡ 역동적 진단 : 상담의 주관적 오류와 자료의 통계적 오류 보완
> ㉢ 결정적 진단 : 진로선택 의사결정 문제 분석

○ **Answer** ○
90.② 91.④

04 직업상담의 실제

1 진로시간전망검사 중 코틀(W. Cottle)의 원형검사에 대한 설명 중 옳은 것은?

2021 국가직 9급

① 원의 배치는 시간차원에 대한 상대적 친밀감을 나타낸다.

② 원의 크기는 시간차원이 각각 어떻게 연관되어 있는지를 나타낸다.

③ 방향성 단계는 미래지향성을 증진시키기 위한 것으로, 미래에 대한 낙관적인 입장을 구성한다.

④ 변별성 단계는 현재의 행동과 미래의 결과를 연결시키고, 계획된 기법을 실습하여 진로에 대한 인식을 증진시킨다.

> **NOTE** ① 원의 배치는 시간차원들의 연관성을 나타낸다.
> ② 원의 크기는 시간차원에 대한 상대적 친밀감을 나타낸다.
> ④ 변별성단계는 미래를 현실처럼 느끼게 하고 목표를 신속하게 결정하도록 한다
> ※ **코틀(W. Cottle) 원형검사(진로시간전망 검사)**
>   ㉠ 3가지 원의 의미 : 원은 과거, 현재, 미래를 의미한다.
>   ㉡ 원의 크기 : 시간차원에 대한 상대적 친밀감을 나타낸다.
>   ㉢ 원의 배치 : 시간차원들의 연관성을 나타낸다.
>   ㉣ 원형검사에 기초한 진로시간전망은 과거, 현재, 미래의 심리적 경험에 반응하는 3가지 국면으로 나뉜다.
>   • 방향성 : 미래에 대한 낙관적 입장을 구성하여 미래지향성을 증진시킨다. 진로계획을 위한 시간전망은 미래지향적인 것이다.
>   • 변별성 : 미래를 현실처럼 느끼게 하고 목표를 신속하게 결정하도록 한다. 미래에 대한 불안감을 감소시키고 미래 계획에 대한 긍정적인 태도를 강화시킬 수 있다. 원형검사에서 시간차원 내 사건의 강도와 확정의 원리를 기초로 수행된다.
>   • 통합성 : 현재의 행동과 미래의 결과를 연결시키고, 진로에 대한 인식을 증진시킨다. 진로의 사결정에 중요한 자기지식을 제공하고, 계획기술을 연습하기 위해 원형검사가 사용된다.

Answer

1.③

2 MBTI 검사에서 성격 유형의 지표와 선호 경향의 내용을 바르게 연결한 것은?

2021 국가직 9급

① 감각−직관 : 주의집중 방향과 에너지의 원천
② 판단−인식 : 정보 수집(인식) 기능
③ 사고−감정 : 의사 결정(판단) 기능
④ 외향−내향 : 외부 세계에 대한 태도 / 행동 양식

> **NOTE** MBTI(Myers−Briggs Type Indicator)
> ㉠ Jung의 분석심리학적 성격유형이론을 근거로 Myers와 Briggs가 개발한 인간이해를 위한 도구이다.
> ㉡ 표준화된 도구로 상담과 심리치료, 인사관리, 인력개발, 조직개발 등 다양한 분야에 사용되고 있다.
> ㉢ 직업상담 접근에서는 직업적 불만족의 원인을 탐색하고 직업적 대안을 찾기 위해 사용되는 도구이다.
> ㉣ MBTI는 선호성을 나타내는 4가지 지표가 있는데, 주어진 상황에서 무엇에 주의를 기울이는가와 지각한 것에 대해 어떻게 결론 내리는가에 영향을 미친다고 한다.
> ※ 선호성을 나타내는 4가지 지표에 따른 내담자 분류
>   ㉠ 주의집중과 에너지 방향 : 외향성−내향성
>   ㉡ 정보수집(지각) 기능 : 감각형−직관형
>   ㉢ 의사결정(판단) 기능 : 사고형−감정형
>   ㉣ 외부세계에 대한 태도 : 판단형−지각형

3 심리검사의 타당도에 대한 설명으로 옳지 않은 것은?

2021 국가직 9급

① 공인타당도(concurrent validity) : 새로 개발한 검사의 점수와 기존 검사의 점수 간의 상관관계를 통해 평가한다.
② 구성타당도(construct validity) : 검사 문항이 검사가 측정하고자 하는 구성 개념을 적절하게 반영하는지를 평가한다.
③ 안면타당도(face validity) : 검사 문항이 그것이 속하는 개념을 얼마나 잘 대표하는가를 전문가가 판단한다.
④ 수렴타당도(convergent validity) : 어떤 검사가 측정하는 구성 개념이 있을 때, 같은 구성 개념을 측정하는 검사점수 간의 상관관계를 통해 평가한다.

> **NOTE** ③ 안면타당도(face validity) : 전문가가 아닌 일반인(또는 수검자)들이 그 검사가 얼마나 타당해 보이는지 평가하는 방법이다.

─○ **Answer** ○─
　　　2.③　3.③

4 다음 설명에 해당하는 홀랜드(J. Holland) 성격이론의 주요 개념은?

2021 국가직 9급

> • 성격유형과 환경모형 간의 관련 정도를 의미하는 것
> • 정육각형 모형상의 두 유형 간 근접성에 따라 설명되는 것

① 계측성(calculus)
② 일관성(consistency)
③ 일치성(congruence)
④ 정체성(identity)

> **NOTE** 6각형 모형에서 5개의 주요 개념
> ㉠ 일관성 : 6가지 유형(RIASEC)에서 인접한 유형일수록 성격이 공통점이나 유사한 점이 많은 것을 말한다.
> ㉡ 변별성(차별성) : 어떤 유형에 특별한 차이를 보여 뚜렷한 유형을 나타내는 것을 말한다. 하나의 유형에는 유사성이 많지만 다른 유형에는 유사성이 없는 것을 말한다.
> ㉢ 정체성 : 개인적으로는 흥미, 재능, 목표가 명확한 것을 말하며, 환경적으로는 조직의 투명성, 안정성, 목표 · 일 · 보상의 통합을 말한다.
> ㉣ 일치성 : 개인의 성격 유형과 환경의 유형이 서로 부합되는 성도를 말한다.
> ㉤ 계측성 : 6각형 모형에서 유형 간의 거리가 가까울수록 이론적 관계가 높은 것을 말한다.

5 사비카스(M. Savickas)의 진로구성이론에서 진로양식면접의 질문영역과 질문의 의도가 일치하지 않는 것은?

2021 국가직 9급

① 교과목 : 내담자가 선호하는 직무와 근로환경을 확인한다.
② 역할모델 : 내담자가 추구하는 이상적 자아를 확인한다.
③ 준비도 : 개인이 통제할 수 없는 환경을 확인한다.
④ 명언 : 내담자의 생애에서 중요한 주제가 무엇인지 확인한다.

───○ **Answer** ○───
4.② 5.③

NOTE 진로양식면접

 ㉠ 준비도 : 상담의 출발점을 제시한다.

 ㉡ 역할모델 : 내담자가 추구하는 이성적 자아를 나타낸다.

 ㉢ 잡지 및 텔레비전 프로그램 : 개인의 생활양식에 맞는 환경에 대한 선호를 나타낸다.

 ㉣ 책과 영화 : 동일한 문제에 당면해 있는 주인공을 드러내고, 이 주인공이 어떻게 그 문제를 다루어 나가는지를 보여준다.

 ㉤ 여가와 취미 : 자기표현을 다루고 겉으로 드러난 흥미가 무엇인지 나타낸다.

 ㉥ 명언 : 내담자의 생애에서 중요한 주제가 무엇인지 확인한다.

 ㉦ 교과목 : 내담자가 선호하는 직무와 근로환경을 확인한다.

 ㉧ 생애 초기 기억 : 무엇에 몰두하여 노력을 기울이고 있는지를 드러낸다.

6 다음에서 설명하고 있는 심리검사는?

2021 국가직 9급

> • 진로 결정 및 문제해결에 대한 의사결정 과정에서 개인이 정보를 처리하는 방법을 파악하기 위한 것
> • 의사결정혼란(Decision Making Confusion), 수행불안(Commitment Anxiety), 외적 갈등(External Conflict)의 세 가지 하위요인으로 구성

① 진로사고검사(Career Thoughts Inventory)

② 진로전환검사(Career Transitions Inventory)

③ 진로태도 및 전략검사(Career Attitudes and Strategies Inventory)

④ 성인진로욕구검사(Adult Career Concerns Inventory)

NOTE 진로사고검사(CTI) … 진로결정을 어렵게 하는 부정적 진로사고를 측정하는 검사로서 자신의 부정적인 진로사고를 긍정적인 진로사고로 전환하고 미래를 위한 더 나은 선택을 하도록 돕는 검사이다.

 ※ 심리검사 : 개인에 대한 종합적인 정보를 알아내는 과정의 한 부분으로, 개인의 지능 · 학력 · 적성 · 성격 · 흥미 · 태도 · 가치관 등과 같은 심리적 구성개념을 체계적이고 수량적으로 측정하는 표준화된 도구이다.

  ㉠ 측정 : 심리검사 대상의 속성을 수치로 나타내는 과정을 의미한다.

  ㉡ 표준화 : 심리검사 실시 및 채점, 해석에 있어서의 일관성을 의미한다.

Answer

6.①

7 동형검사 신뢰도(alternate-form reliability)에 대한 설명으로 옳은 것은?

2020 국가직 9급

① 검사를 한 번 실시한 후 다양한 방식으로 점수를 반분하여 신뢰도를 측정한다.

② 한 검사를 같은 집단에게 두 번 실시한다.

③ 검사 - 재검사 신뢰도의 문제를 피하는 대안적인 방법이다.

④ 모든 문항에 대한 반응 일관성에 기초한다.

> **NOTE** 동형검사 신뢰도(동등성계수)
> ㉠ 한 검사의 난이도는 동일하나 문항이 다른 검사를 제작하여 두 검사에서 얻은 점수의 상관을 산출하여 신뢰도계수를 얻는 방법이다. 이렇게 산출된 신뢰도계수를 동등성계수라고 한다.
> ㉡ 검사 문항이 다르기 때문에 기억효과, 이월효과가 감소된다. 동일한 내용과 변인을 측정하면서 곤란도 수준이 균등한 두 검사는 한 날짜에 실시될 수도 있고 연습효과가 작용되지 않을 만한 가까운 날짜에 실시될 수도 있다. 이러한 점에서 동형검사 신뢰도는 검사-재검사 신뢰도보다 널리 이용할 수 있는 것이지만 동형검사의 제작이 어렵고 검사제작을 위한 비용이 많이 든다는 단점이 있다.

8 직업심리검사를 극대수행검사와 습관적 수행검사로 분류할 때, 극대수행검사에 해당하지 않는 것은?

2020 국가직 9급

① 한국판 웩슬러 성인용 지능검사(K-WAIS)

② 일반적성검사(GATB)

③ 스트롱 - 캠벨 흥미검사(SCII)

④ 대학수학능력시험(CSAT)

> **NOTE** ③ 습관적 수행검사에 해당한다. 습관적 수행검사는 문항에 정답이 없으며 응답의 시간제한이 없다. 최대한의 정직한 응답이 요구된다.
> ①②④는 극대수행검사로, 문항에 정답이 있으며 응답의 시간제한 또한 있다. 최대한의 능력발휘가 요구된다.

──────○ **Answer** ○──────
7.③ 8.③

9 다음 괄호 안에 공통으로 들어갈 말은?

2020 국가직 9급

> • (   )는 검사의 내적 구조가 측정하고자 하는 개념이 이론에 부합하는지 알아보는 것이다.
> • 요인분석은 (   )를 점검하기 위해 사용되는 통계적 방법이다.

① 구성타당도(construct validity)

② 준거타당도(criterion validity)

③ 안면타당도(face validity)

④ 내용타당도(content validity)

> **NOTE** 구성타당도 … 조작적으로 정의되지 않은 인간의 심리적 특성이나 성질을 심리적 구인으로 분석하여 조작적 정의를 부여한 후, 검사점수가 이러한 심리적 구인으로 구성되어 있는가를 검증하는 방법이다.
> ※ 요인분석은 검사의 구성타당도를 분석하기 위하여 보편적으로 사용하는 방법으로 검사를 구성하는 문항들 간의 상호 상관관계를 분석해서 서로 상관이 높은 문항을 묶어주는 통계적 기법이다.

10 슈퍼(D. Super)의 진로발달 평가와 상담(C-DAC) 모형에 근거하여 상담을 진행할 때 내담자 평가 영역에 해당하지 않는 것은?

2020 국가직 9급

① 내담자의 생애 역할과 직업적 역할의 중요성에 대한 평가

② 진로발달의 수준과 대처자원에 대한 평가

③ 직업의 요구와 개인의 능력과의 조화에 대한 평가

④ 직업적 자기개념과 생애 주제에 대한 평가

> **NOTE** 진로발달평가모델(C-DAC) 4가지 단계의 평가모델
> ㉠ 1단계 : 내담자의 생애구조와 직업역할의 중요성 평가
> ㉡ 2단계 : 내담자의 진로발달수준과 자원의 평가
> ㉢ 3단계 : 직업적 정체성에 대한 평가
> ㉣ 4단계 : 직업적 자아개념과 생애주제에 대한 평가

―○ **Answer** ○―
9.① 10.③

11 해프너(M. Heppner) 등에 의해 개발된 진로전환검사(Career Transition Inventory)에 대한 설명으로 옳은 것은?

2020 국가직 9급

① 검사에서의 높은 점수는 장벽을 나타낸다.
② 진위형 40문항으로 구성되어 있다.
③ 직업 경험이 하위검사 중 하나이다.
④ 자기중심적인지 아니면 관계중심적인지를 측정한다.

> **NOTE** 진로전환검사(Career Transitions Inventory: CTI) … CTI는 해프너에 의해 개발된 것으로, 개인의 진로전환 과정에서 자원(resources)이나 장벽(barrier)이 될 수 있는 개인의 내적 과정 변인들을 측정하도록 고안된 40문항(리커르트 6점 척도)의 검사이다. CTI는 '진로동기'(준비도, readiness), '자기효능감'(자신감, confidence), '지각된 지지'(지지, support), '내적/외적 통제'(통제, control), '자기중심 대 관계중심'(독립성-상호의존성, independence-interdependence)의 다섯 요인으로 구성되어 있다. 검사에서의 낮은 점수는 장벽을 나타낸다.

12 ㉠에 들어갈 용어로 옳은 것은?

2019 국가직 9급

> (㉠)는 심리검사가 실제로 무엇을 재는가가 아니라, 이 검사가 잰다고 하는 것을 실제 재는 것처럼 보이는가를 말한다. 즉 수검자에게 그 검사가 '타당한 것처럼 보이는가'를 뜻한다. 이 타당도는 수검자의 수검 동기나 수검 자세에 영향을 미친다.

① 내용타당도(content validity)
② 안면타당도(face validity)
③ 예언타당도(predictive validity)
④ 동시타당도(concurrent validity)

> **NOTE** 제시된 내용은 안면타당도에 대한 설명이다.
> ① 측정 도구가 측정하려는 개념 또는 구성의 모든 속성을 올바르고 완전하게 측정하는지를 평가하는 정도
> ③ 검사의 결과가 미래의 어떤 행동을 성공적으로 예측하는 정도
> ④ 측정도구의 측정값과 같은 시점에서 기준이 되는 기준값과의 관련성 정도

Answer
11.④ 12.②

13 교류분석(TA)의 상담과정 여섯 단계 중 ㉠~㉢에 들어갈 단계를 옳게 짝 지은 것은?

2019 국가직 9급

> 계약 → (㉠) → (㉡) → (㉢) → 각본분석 → 재결단

	㉠	㉡	㉢		㉠	㉡	㉢
①	구조분석	교류분석	게임분석	②	교류분석	구조분석	게임분석
③	구조분석	게임분석	교류분석	④	게임분석	교류분석	구조분석

> **NOTE** 교류분석의 상담과정은 계약 → 구조분석 → 교류분석 → 게임분석 → 각본분석 → 재결단으로 이루어진다.
>
> ※ 교류분석은 사람들의 성격이 어떻게 구조화되어 있는지 자아상태(P.A.C)분석과 각본분석을 전제로 존재방식(대화패턴, Stroke, 시간의 구조화, 게임, 인생태도)을 분석 설명함으로써 내담자의 자율성을 회복하고자 한다.

14 코스타(P. Costa)와 맥크래(R. McCrae)가 개발한 NEO-PI(NEO-성격검사)의 점수 결과에 대한 해석으로 옳지 않은 것은?

2019 국가직 9급

① N요인 점수가 높으면 정서적으로 불안정할 가능성이 높다.

② E요인 점수가 높으면 사교적이고 적극적일 가능성이 높다.

③ O요인 점수가 높으면 타인과의 관계에서 순종적일 가능성이 높다.

④ C요인 점수가 높으면 근면하고 믿음직스러울 가능성이 높다.

> **NOTE** ③ O요인은 개방성 정도로 O요인 점수가 높으면 상상력과 창의성이 높고 아이디어가 풍부하며 감정적, 정서적으로 풍부하고 예술적 감성이 높은 성향을 나타낼 가능성이 높다.
>
> ※ NEO-성격검사의 요인 구성
> ㉠ E(외향성) : 신체·심리적 에너지
> ㉡ O(개방성) : 새로운 경험과 변화에 대한 수용력
> ㉢ A(친화성) : 대인관계 성향
> ㉣ C(성실성) : 일과 학업을 수행하는 방식
> ㉤ N(신경증) : 정서적인 반응 성향

○ **Answer** ○

13.① 14.③

15 구성주의 진로발달이론에서 사용하는 진로양식면접(career style interview)의 영역, 질문 내용과 의미의 연결이 옳지 않은 것은?

2018 국가직 9급

	영역	질문	의미
①	역할모델	가장 존경하는 사람은 누구인가요?	이상적 자아를 나타낸다.
②	교과목	좋아하거나 싫어한 교과목은 무엇인가요?	선호하는 직무와 근로환경을 나타낸다.
③	명언	좋아하는 명언이나 좌우명이 있나요?	개인의 생활양식에 맞는 환경에 대한 선호를 나타낸다.
④	여가와 취미	여가시간을 어떻게 보내고 싶은가요?	자기표현을 다루고 겉으로 드러난 흥미가 무엇인지 나타낸다.

NOTE 좋아하는 명언이나 좌우명은 생애 주제(life theme) 또는 가치관 등을 나타낸다.

16 심리검사에서 규준(norm)의 종류에 대한 설명으로 옳은 것은?

2018 국가직 9급

① 표준등급은 원점수를 1부터 10까지 열 개의 범주로 나눈 것이다.

② 평균이 80점이고 표준편차가 5점인 집단에서 60점을 받은 사람의 Z점수는 4.0이다.

③ Z점수가 2.0인 사람의 T점수는 70점이다.

④ 백분위는 특정 개인의 점수를 그가 속한 집단에서 그 사람보다 점수가 높은 사람들의 비율로 나타낸 것이다.

NOTE ① 표준등급은 원점수를 1부터 9까지의 아홉 개의 범주로 나눈 것이다.
② 'Z점수 = (원점수 − 평균) ÷ 표준편차'이므로 (60 − 80) ÷ 5 = −4.0이다.
④ 백분위는 특정 개인의 점수를 그가 속한 집단에서 그 사람보다 점수가 낮은 사람들의 비율로 나타낸 것이다.

Answer

15.③ 16.③

17 신뢰도에 영향을 주는 요인에 대한 설명으로 옳지 않은 것은?

2018 국가직 9급

① 같은 검사라도 신뢰도 측정방법에 따라 신뢰도 계수가 달라질 수 있다.

② 검사의 문항수와 그 검사의 신뢰도가 정비례하는 것은 아니다.

③ 검사대상이 되는 집단의 개인차가 클수록 검사－재검사 신뢰도 계수는 작아진다.

④ 속도검사의 경우 전후반분법보다는 검사－재검사법이 신뢰도 계수를 구하는 데 더 적합하다.

> **NOTE** ③ 검사 － 재검사는 동일한 검사를 동일한 검사대상에 일정 시간 간격을 두고 두 번 실시하여 얻은 두 점수의 상관계수에 의해 신뢰도를 추정한다. 따라서 검사 간격이 짧을 경우 신뢰도가 높게 나타나는 반면, 검사 간격이 길 경우 신뢰도가 상대적으로 낮게 나타난다.

18 MBTI의 성격유형과 직업 관련 특징으로 옳지 않은 것은?

2018 국가직 9급

① 직관형(N) － 새로운 문제를 새로운 방식으로 해결하기를 좋아하지만 사실에 관한 실수를 자주 한다.

② 판단형(J) － 분석하고 논리적으로 정리하기를 좋아하지만 자기도 모르게 다른 사람의 감정을 상하게 할 수 있다.

③ 감정형(F) － 사람들의 감정을 잘 알아차리는 경향이 있고 타인에게 동감하는 경향이 있다.

④ 지각형(P) － 변화하는 상황에 잘 적응하고 일을 수정할 수 있는 여지를 두기를 좋아한다.

> **NOTE** ② 분석하고 논리적으로 정리하기를 좋아하는 성격유형은 사고형(T)이다. 판단형은 나름대로의 판단을 바탕으로 빠른 결정을 내리는 것을 좋아하며, 계획적이고 조직화된 생활을 선호한다.

Answer

17.③ 18.②

19 직업상담의 문제유형에 대한 설명으로 옳은 것은?

2018 국가직 9급

① 크릿츠(Crites)의 분류에서 흥미를 느끼는 분야가 있지만 그 분야에 적성이 없는 사람은 비현실형에 해당한다.

② 크릿츠(Crites)의 분류에서 적성에 따라 어쩔 수 없이 선택한 직업에 흥미가 없는 사람은 부적응형에 해당한다.

③ 보딘(Bordin)이 제시한 직업문제의 심리적 원인에 따르면, 둘 이상의 자아개념이 서로 갈등하는 경우는 확신의 부족에 해당한다.

④ 윌리엄슨(Williamson)의 분류에서 선호하는 직업들 중에서 어느 것을 선택할지 결정하지 못한 경우는 직업선택의 확신 부족에 해당한다.

> **NOTE** ② 강압형에 대한 설명이다.
> ③ 둘 이상의 자아개념이 서로 갈등하는 경우는 자아갈등에 해당한다.
> ④ 무선택 또는 미선택에 대한 설명이다.

20 진로카드 분류의 장점에 대한 설명으로 옳지 않은 것은?

2019 국가직 9급

① 상담자와 내담자의 라포(rapport)형성을 촉진한다.

② 내담자의 자발적인 참여를 촉진한다.

③ 내담자의 욕구에 쉽게 맞출 수 있다.

④ 내담자의 적성을 객관적으로 파악할 수 있다.

> **NOTE** ④ 진로카드 분류는 진로에 대한 내담자의 동기와 흥미를 바탕으로 진행되므로 내담자의 적성을 객관적으로 파악하기는 어렵다.

◦ **Answer** ◦

19.① 20.④

21 수검자의 심리검사 점수를 해석할 때, 기준으로 삼는 표준화된 점수자료는?

2019 국가직 9급

① 틀(frame) ② 준거(criterion)
③ 규준(norm) ④ 표준(standard)

> **NOTE** 비교하고자 하는 집단의 검사점수의 분포인 규준은 원점수의 규준집단에서의 상대적 위치를 가늠해 보기 위한 자료이다.

22 생애진로평가(Life Career Assessment ; LCA)에서 다루는 주제로 옳지 않은 것은?

2019 국가직 9급

① 직업 경험 ② 일상적인 날
③ 진로가계도 ④ 강점과 장애물

> **NOTE** 생애진로평가의 구조
> ㉠ 진로사정 : 직업 경험, 교육 또는 훈련과정 및 관심사, 여가활동
> ㉡ 일상적인 날(= 전형적인 하루) : 의존적 – 독립적 성격차원, 자발적 – 체계적 성격차원
> ㉢ 강점과 장애물 : 주요 강점과 주요 장애
> ㉣ 요약 : 생애주제에 동의, 내담자 자신의 용어 사용, 목표설정 또는 문제해결과 연계

23 생애진로사정의 구조에 해당하지 않는 것은?

① 적성과 특기 ② 강점과 장애
③ 진로사정 ④ 전형적인 하루

> **NOTE** 생애진로사정의 구조
> ㉠ 진로사정
> ㉡ 전형적인 하루
> ㉢ 강점과 장애
> ㉣ 오락

───○ **Answer** ○───
21.③ 22.③ 23.①

24 내담자에게 선정된 행동을 연습하거나 실천하도록 함으로써 내담자가 계약을 실행하는 기회를 최대화하도록 돕는 초기면담의 주요 요소는?

① 계약   ② 유머

③ 직면   ④ 리허설

> **NOTE** 리허설… 내담자가 선정된 행동을 연습하거나 실천해야 계약을 실행하는 기회를 최대화하도록 하는 것을 말한다.
> ㉠ 명시적 리허설 : 말이나 행위로 표현한다.
> ㉡ 암시적 리허설 : 목표를 상상하거나 숙고한다.

25 생애진로사정에 대한 설명으로 옳지 않은 것은?

① 내담자에 관한 가장 초보적인 직업 상담 정보를 얻는 질적인(qualitative) 절차이다.

② 내담자 자신의 가치와 자기 인식에 대한 정보를 제공한다.

③ 내담자 자신의 기술과 능력에 대한 자기평가를 방지한다.

④ 내담지의 직업 경험과 교육수준을 나타내는 객관적 사실을 알려준다.

> **NOTE** ③ 내담자가 자신의 생활을 어떻게 조직하는지를 시간의 흐름에 따른 단계적 방식으로 기술하게 하여 상담자는 물론이고, 내담자 스스로도 자신의 삶을 어떻게 조직하고 이행하는지 이해한다.

26 상담기법 중 내담자가 전달하는 이야기의 표면적인 의미를 상담자가 다른 말로 바꾸어 표현하는 것은?

① 명료화   ② 적극적 경청

③ 요약과 재진술   ④ 탐색적 질문

> **NOTE** 요약… 상담에서 다루어진 주요한 문제들을 간략하게 간추려서 표현하는 것을 의미하며, 중요한 주제를 요약할 수 있다. 요약은 상담을 구조화하는 하나의 방법으로 중요한 주제를 기술하고 상담시 변화의 흐름을 유지하고 관련주제들의 연관성을 도와주는 역할을 한다.

○ **Answer** ○

24.④   25.③   26.③

27 다음 중 직업상담기법에 대한 설명으로 옳지 않은 것은?

① 상담자의 사적인 정보를 공개하는 자기노출은 직업상담과정에서 항상 필요한 것은 아니다.

② 주의 깊고 적절한 직면은 성장을 유도하고 용기를 주나 때론 상담자가 직면에 실패할 경우 실제로 내담자에게 해로울 수 있다.

③ 유머는 민감성과 시간성이 요구되며, 상담장면에서 품위를 떨어뜨리는 것이 아니고 내담자의 저항을 우회할 수 있고 긴장을 없앨 수 있다.

④ 리허설에는 두 가지 종류가 있으며 이는 내담자가 하고자 하는 것을 말로 표현하거나 행위로 보이는 명시적인 것과 원하는 것을 상상해보는 공상적인 것이 있다.

> **NOTE** 리허설… 내담자가 선정된 행동을 연습하거나 실천하여 계약을 실행하는 기회를 최대화하도록 하는 것을 말한다.
> ㉠ 명시적 리허설 : 말이나 행위로 표현한다.
> ㉡ 암시적 리허설 : 목표를 상상하거나 숙고한다.

28 다음 중 생애진로사정에 대한 설명으로 옳지 않은 것은?

① 내담자가 가진 자원과 장애물에 대한 평가

② 내담자의 과거 직업에 대한 전문지식의 분석

③ 내담자의 가계도 작성

④ 내담자의 과거 직업경력에 대한 정보수집

> **NOTE** 생애진로사정은 내담자의 일이나 교육훈련경험·여가활동에 대한 진로사정, 내담자의 생활조직을 알아보기 위한 전형적인 하루, 내담자의 장·단점을 스스로 발견하게 돕는 강점과 장애, 내담자의 생애주제를 파악하여 내담자에게 적절한 직업선택을 제시하는 요약으로 이루어진다.

○ **Answer** ○
27.④ 28.②

29 다음의 상담과정에서 필요한 상담기법으로 옳은 것은?

> 내담자 : 전 의사가 될 거예요. 저희 집안은 모두 의사들이거든요.
> 상담자 : 학생은 의사가 될 것으로 확신하고 있네요.
> 내담자 : 예. 물론이지요.
> 상담자 : 의사가 되지 못한다면 어떻게 되나요?
> 내담자 : 한 번도 그런 경우를 생각해 보지 못했습니다. 의사가 안 된다면 제 일생은 매우 끔찍할 것입니다.

① 재구조화
② 정보제공
③ 합리적 논박
④ 직면

> **NOTE** 합리적 논박… 내담자의 비합리적 신념을 증거를 찾아 적극적으로 논박해서 이 도전을 스스로 받아들이는 방법을 가르치는 것으로 내담자가 비합리적 신념을 버릴 때까지 또는 적어도 강도가 약화될 때까지 구체적인 '해야 한다', '하지 않으면 안 된다', '당연히 해야 한다'라는 당위를 검토한다.

30 다음 중 직장 내 승진이나 특혜, 직무의 유지를 위해 강제적으로 이루어지는 성희롱의 유형은?

① 적대적 환경(hostile environment) 성희롱
② 사회 문화적(sociocultural) 성희롱
③ 보복적(quid pro quo) 성희롱
④ 생물학적(biological) 성희롱

> **NOTE** 보복적 성희롱… 성적 호의나 서비스의 제공여부를 고용, 업무, 학업평가의 조건으로 삼아 이익 또는 불이익을 주는 행위로 모종의 '이익'을 암시하며 성적인 요구를 한다든지(대가형), 이런 요구를 수용하지 않고 거부할 경우 '불이익'을 받을 수 있음을 암시하거나 실제로 불이익을 주는 행위(보복형)가 포함된다.

31 처음 직업상담을 받는 내담자에게서 탐색하여야 할 점은?

① 자기인식수준
② 유머감각수준
③ 내담자의 경제적 상황
④ 상담자와 문화적 차이

> **NOTE** 처음으로 직업상담을 받는 내담자는 상담이 무엇인지 모르거나 자신의 문제를 명확히 인식하지 못하는 경우가 많으므로 상담자는 인내를 가지고 내담자가 상담의 목적을 검토하도록 하며 그것을 토대로 내담자가 어느 정도로 자기 자신에 대해 인식하고 있는지를 알아낸다.

32 아들러(Adler)가 말한 세계와 개인의 관계에 관한 세 가지 과제에 속하지 않는 것은?

① 성(性)
② 여가
③ 일
④ 사회

> **NOTE** 아들러는 개인은 일, 사회, 성(性) 등 주요 인생과제에 반응하여야 한다고 하였다.

33 다음 중 생애진로사정의 구조에 포함되지 않는 것은?

① 진로사정
② 강점과 장애
③ 훈련 및 평가
④ 전형적인 하루

> **NOTE** 생애진로사정은 내담자의 일이나 교육훈련 경험·여가활동에 대한 진로사정, 내담자의 생활조직을 알아보기 위한 전형적인 하루, 내담자의 장단점을 스스로 발견하게 돕는 강점과 장애, 내담자의 생애주제를 파악하여 내담자에게 적절한 직업선택을 제시하는 요약으로 이루어진다.

Answer

31.① 32.② 33.③

34 다음 중 생애진로사정(life career assessment)과 관련이 없는 것은?

① 생애진로사정은 아들러(Adler)의 개인심리학에 이론적 기초를 두고 있다.
② 생애진로사정의 구조는 진로사정, 전형적인 하루, 강점과 장애 및 요약으로 이루어진다.
③ 생애진로사정은 직업상담의 마무리 단계로서 최종결론을 도출하기 위한 시도이다.
④ 생애진로사정은 구조화된 면담기술로서 짧은 시간에 체계적인 정보를 수집할 수 있다.

> **NOTE** 생애진로사정은 상담자와 내담자가 처음 만났을 때 사용하기에 적절한 면접기법이다.

35 다음 중 직업상담의 과정을 바르게 나열한 것은?

① 상담자와 내담지의 관계수립 – 내담자정보와 환경정보 수집 – 정보분석, 이해 – 진단 – 조치 – 사용된 개입의 영향평가
② 내담자정보와 환경정보 수집 – 상담자와 내담자의 관계수립 – 정보분석, 이해 – 진단 – 조치 – 사용된 개입의 영향평가
③ 상담자와 내담자의 관계수립 – 내담자정보와 환경정보 수집 – 정보분석, 이해 – 사용된 개입의 영향평가 – 진단 – 조치
④ 상담자와 내담자의 관계수립 – 내담자정보와 환경정보 수집 – 정보분석, 이해 – 진단 – 사용된 개입의 영향평가 – 조치

> **NOTE** 직업상담의 과정
> ㉠ 관계수립: 내담자와 상담자 각각의 책임을 포함한 상호간 관계를 확립한다.
> ㉡ 정보수집: 내담자의 목표나 문제를 이해하기 위한 내담자 자신의 정보와 환경적 정보를 수집한다.
> ㉢ 분석 및 이해: 직업발달이론, 상담이론, 분류체계 등을 사용하여 내담자의 목표나 문제에 대한 정보를 분류·분석·관련지움으로써 내담자 자신의 정보와 환경적 정보를 이해한다.
> ㉣ 결론도출(진단)
> ㉤ 조치: 진단에 근거하여 상담자의 개입방법을 선정한다. 어떤 부류의 개입은 상담기법, 검사, 개인유형분석, 직업과 노동시장정보, 개인진로계획, 작업카드 분류 그리고 전산화한 정보와 의사결정체계를 포함한다.
> ㉥ 사용된 개입의 영향평가: 상담자가 조정함으로써 내담자의 목표나 문제를 해결했는지 평가한다.

○ **Answer** ○

34.③ 35.①

36 직업상담장면에서 구직자의 외모가 좋은 경우, 그가 다른 능력도 우수할 것으로 추측하는 편향이 있다. 이러한 편향은 무엇인가?

① 귀인편향
② 후광효과
③ 관대성편향
④ 단순노출효과

> **NOTE** 후광효과(halo effect) … 한 평정자의 판단이 연쇄적으로 다른 요소의 평정에도 영향을 주는 현상이다. 강제선택법을 사용하여 평정요소 간의 연상효과를 배제하고, 각 평정요소별로 모든 피평정자를 순차적으로 평정하며, 평정요소별 배열순서에 유의하여야 한다.

37 내담자와의 상담 후 기록하지 않아도 될 것은?

① 상담자와 내담자의 관계
② 심리검사 실시와 해석에 관한 것
③ 상담자가 활용한 주요 면접기법
④ 상담목표 달성을 위한 수행계획

> **NOTE** 내담자와의 상담 후 기록할 사항 … 내담자의 인적사항, 면접내용·기법, 행동관찰자료 등이 있다.

38 직업역할모형 결합에서 추상적 개념을 창조, 발견, 해석, 적용하는 직업능력에 해당하는 것은?

① 관념
② 사람
③ 자료
④ 사물

> **NOTE** Prediger의 직업역할모형
> ㉠ 사람형 : 교육, 돌봄, 설득, 동기화 등 인간행동의 변화를 유도하는 활동을 선호하는 이들로 교사, 판매원, 연설가 등이 해당된다.
> ㉡ 사물형 : 음식, 생물, 금속, 기계 등과 같은 재료를 생산·운송하고 설비나 수리 등을 선호하는 이들로 요리사, 기술자, 농부 등이 해당된다.
> ㉢ 자료형 : 자료를 수집하고 조직·기록·전달하는 활동을 선호하며 체계화된 활동을 하는 이들로 사서, 경리담당자, 매매알선 등이 해당된다.
> ㉣ 관념형 : 관찰·발견·창조·추상적 개념의 종합 등과 같은 활동을 선호하며 음악가, 미술가, 과학자, 철학자 등이 해당된다.

○ **Answer** ○

36.② 37.① 38.①

39 생애진로사정에서 내담자가 자신의 생활을 어떻게 조직하는지를 시간의 흐름에 따른 단계적 방식으로 기술하도록 하는 것은?

① 강점과 장애
② 전형적인 하루
③ 요약
④ 진로사정

> **NOTE** '전형적인 하루'를 통해 내담자가 의존적인지 독립적인지, 자발적인지 체계적인지를 알 수 있다.

40 생애진로사정에 대한 설명 중 옳지 않은 것은?

① 홀랜드(Holland)의 이론에 기초하였다.
② 세계와 개인의 관계를 일, 사회, 성(性)으로 구분하여 이에 대한 내담자의 접근방법을 분석하는 과정이다.
③ 진로사정, 전형적인 하루, 강점과 장애, 요약 등으로 이루어진다.
④ 상담자는 내담자 스스로 자신의 강점과 장애를 기술하게 한다.

> **NOTE** ① 생애진로사정은 아들러(Adler)의 개인심리학에 기초를 둔다.

41 상담시 내담자의 현재 상태를 알아보기 위해 상담자가 주의해야 할 것과 거리가 먼 것은?

① 내담자의 언어구사능력
② 내담자의 환경적 정보
③ 내담자의 목표나 문제에 대한 관계
④ 내담자의 생애역할

> **NOTE** 내담자의 현재상태와 환경은 내담자의 생애역할, 배경, 사건, 내담자의 목표나 문제에 대한 관계로 알 수 있다.

○ **Answer** ○

39.② 40.① 41.①

42 생애진로사정에서 체계적 · 임의적 관계를 사정하는 기법은?

① 강점과 장애
② 전형적인 하루
③ 감정이입
④ 진로사정

> **NOTE** 생애진로사정의 구조
> ㉠ 진로사정 : 내담자의 일 경험과 교육훈련 경험, 그리고 여가활동에 대해 사정한다.
> ㉡ 전형적인 하루 : 내담자가 자신의 생활을 어떻게 조직하는지를 시간의 흐름에 따른 단계적 방식으로 기술하여 상담자는 물론이고, 내담자 스스로도 자신의 삶을 어떻게 조직하고 이행하는지 이해한다.
> ㉢ 강점과 장애 : 내담자에게 자신의 강점과 장애(약점)를 기술하게 하고 상담자는 내담자가 자신의 강점과 장애를 발견할 수 있도록 돕는 역할을 한다.
> ㉣ 요약 : 상담자는 내담자의 주도적인 생애주제, 강점과 장애를 반복 검토한다. 또한 이렇게 하여 드러난 내담자의 생애주제를 바탕으로 상담자는 가능한 직업선택을 제시할 수 있다.

43 다음의 상담기법 중 내담자로 하여금 행동의 특정측면을 검토해보고 수정하게 하며, 통제해 보도록 도전하게 하는 것은?

① 계약
② 자기노출
③ 직면
④ 유머

> **NOTE** 직면…상담자의 눈에 비친 내담자의 행동특성, 사고방식의 스타일을 지적하여 내담자가 외부에 비친 자신의 모습을 되돌아 보고 통찰의 순간을 경험하게 한다.

44 다음 중 직업상담의 과정에서 발생하는 것으로, 내담자가 실제의 경험과 행동을 대충 이야기할 때 나타나는 오류는?

① 한계의 오류
② 언어의 오류
③ 정보의 오류
④ 논리적 오류

> **NOTE** ③ 보충적으로 질문을 하거나 되물음으로써 잘못을 인식시켜 주어야 한다.

◦ **Answer** ◦
42.② 43.③ 44.③

45 다음 중 취업면접시험에서의 태도로 옳지 않은 행동은?

① 질문에 대해 직설적이고 비판적인 답변을 한다.

② 신중하게 대답을 하려고 노력한다.

③ 사실적인 태도로 질문에 응한다.

④ 질문을 받으면 두려워하지 않는다.

> **NOTE** ① 자신의 의견을 묻는 질문에는 긍정적이거나 부정적인 입장을 밝히는 것이 중요하나 비판적인 태도로 면접자와 논쟁을 하는 것은 바람직하지 못하다.

46 콜브(Kolb)의 학습자 역할 형성에 영향을 주는 요소와 관계없는 것은?

① 유전   ② 직업
③ 지능   ④ 과거생활경험

> **NOTE** 콜브(Kolb)는 개인의 지배적인 학습형은 유전, 과거생활경험, 가족, 학교, 직업 등과 같은 현재 환경의 요구에 의해 결정된다고 보았다.

47 직업을 결정하는 사회 · 경제적 차원의 요인이라 보기 어려운 것은?

① 인구의 증가

② 교육정책의 변화

③ 사회적 직업가치관의 변화

④ 산업구조의 변화

> **NOTE** 직업선택 요인
> ㉠ 개인적 차원
> • 외재적 요인 : 부모의 직업 및 학력, 가족 구성, 종교 등
> • 내재적 요인 : 적성, 인성, 흥미, 능력, 신체적 조건 등
> ㉡ 사회 · 경제적 차원 : 기술의 혁신, 직업관의 변화, 인구 변화 등
> ㉢ 교육적 차원 : 교육정책, 입시제도, 출신학교의 역사와 학풍 등

───○ **Answer** ○───
45.① 46.③ 47.②

48 다음 중 내담자로 하여금 옳은 판단을 갖게 하는 과정이 바르게 나열된 것은?

> ㉠ 상담자는 내담자의 독단적 사고를 밝힌다.
> ㉡ 주위의 모든 지식에 대하여 불확실성을 깨닫는다.
> ㉢ 전반적인 반성적인 판단이 이루어진다.
> ㉣ 점차적으로 존재의 법칙에 따라 논쟁을 숙고하고 평가하며, 그 법을 배우게 된다.
> ㉤ 자신의 판단체계를 벗어나서 일반화된 지식을 비교·대조할 수 있게 된다.

① ㉠ - ㉡ - ㉤ - ㉣ - ㉢
② ㉠ - ㉢ - ㉣ - ㉤ - ㉡
③ ㉢ - ㉠ - ㉡ - ㉣ - ㉤
④ ㉣ - ㉤ - ㉠ - ㉡ - ㉢

> **NOTE** 반성의 장 마련하기(월펠의 상담 7단계)
> ㉠ 1단계 : 내담자의 독단적 사고를 밝힌다.
> ㉡ 2단계 : 이상적 지식은 정확하고 확실하나 현실의 대안적 개념은 불확실할 수 있음을 깨닫게 된다.
> ㉢ 3단계 : 절대적인 지식이 존재하는 영역도 있으나 그 영역을 벗어날 경우 사람들이 나름대로 믿게 됨을 알게 된다.
> ㉣ 4단계 : 2, 3단계를 거쳐 주위의 모든 지식의 불확실성을 깨닫게 된다.
> ㉤ 5단계 : 점차 존재의 법칙에 따라 논쟁을 숙고하고 평가하며, 그 법을 배우게 된다.
> ㉥ 6단계 : 자신의 판단체계를 벗어나서 일반화된 지식을 비교·대조할 수 있게 된다.
> ㉦ 7단계 : 절반적인 반성적 판단이 이루어진다.

49 다음 중 전형적인 하루의 탐색목적은?

① 개인이 자신의 생활을 어떻게 조직하는지 발견한다.
② 개인이 자신의 일상에서 문제점을 찾아낸다.
③ 개인이 자신의 강점과 장점을 발견한다.
④ 개인이 자신의 부족한 부분을 탐색한다.

> **NOTE** 전형적인 하루는 내담자가 자신의 생활을 어떻게 조직하는지 시간의 흐름에 따라 기술하게 하여 내담자 스스로도 자신의 삶을 어떻게 조직하고 이행하는지 이해한다.

Answer
48.① 49.①

50 생애진로사정에 가족역할을 부가하는 데 사용되는 것은?

① 조부모의 재산   ② 부모의 직업

③ 형제의 성격   ④ 가족구성원의 연령

> **NOTE** 딕슨과 파멀리(Dickson & Parmerlee)는 생애진로사정에서 가족역할을 부가하는 데 가족직업위계를 사용하여 조부모의 직업, 부모의 직업, 큰아버지 · 큰어머니 · 작은아버지 · 작은어머니의 직업, 형제 · 자매의 직업, 응답자가 원하는 직업 등의 사항에 응답하게 하였다.

51 생애진로사정에 대한 설명 중 옳지 않은 것은?

① 상담자와 내담자의 긍정적 관계형성에 도움이 된다.

② 내담자의 진로계획을 향상시킨다.

③ 생애진로사정은 정보를 얻어내는 데 시간이 많이 걸린다.

④ 상담자가 내담자와 처음 만났을 때 사용을 고려해 볼 수 있는 구조화된 면접기법이다.

> **NOTE** 생애진로사정은 세계와 개인의 관계를 일, 사회, 성(性) 등 세 가지 평생과제로 구분하여 이에 대한 내담자의 접근방법을 분석 · 종합한다.

52 내담자의 저항을 다루는 방법 중 내담자의 구체적 행위를 익숙한 솜씨로 공격하고 유머와 과장 같은 방법으로 완화하는 방법은?

① 대결   ② 비난

③ 은유   ④ 직설

> **NOTE** 내담자의 저항다루기
> ㉠ 은유 : 솔직하고 저항적인 내담자에 주로 사용되는 것으로 계획성과 자연성을 적절히 조화시키는 것이 좋다.
> ㉡ 친숙해지기 : 감정이입 이상의 상태로 상담자는 내담자의 고통, 긴장, 어려움 등에 민감하게 반응하고 내담자를 이해하고 있음을 인식시킨다.
> ㉢ 변형된 오류 : 내담자가 피하고 싶어하는 유형이나 부정적인 독백 등을 수정한다.
> ㉣ 대결 : 달래고 공격하는 전략으로 내담자의 구체적인 행위를 익숙한 솜씨로 공격하고 유머와 과장으로 이를 완화한다.

○ **Answer** ○

50.②   51.③   52.①

53 내담자가 수집한 직업목록의 내용이 실현불가능할 때, 상담사의 개입 방안으로 옳지 않은 것은?

① 브레인스토밍 과정을 통해 내담자의 부적절한 직업목록 내용을 명확히 한다.
② 최종 의사결정은 내담자가 해야 함을 확실히 한다.
③ 내담자가 그 직업들을 시도해본 후 어려움을 겪게 되면 개입한다.
④ 객관적인 증거나 논리로 추출한 것에 대해서 대화해야 한다.

> **NOTE** ③ 직업 대안개발 과정에서 상담사는 내담자가 직업대안(목록)을 만들고, 목록 줄이기에 대해 개입을 하여 올바른 직업선택 의사결정이 이루어질 수 있도록 도와야 한다. 직업목록의 내용이 실현불가능한 것에 대해서는 상담사는 브레인스토밍으로 부적절한 직업목록 내용을 명확히 하고, 최종 의사결정은 내담자가 해야 함을 명확히 하며, 상담사의 개인적 편견이나 경험보다는 객관적인 증거나 논리로 추출한 것과 내담자의 상황을 토대로 견해를 밝힌다.

54 직업선택을 위한 마지막 과정인 선택할 직업에 대한 평가과정 중 Yost가 제시한 방법이 아닌 것은?

① 원하는 성과연습
② 확률추정연습
③ 대차대조표연습
④ 동기추정연습

> **NOTE** ④ 동기추정연습은 직업평가를 위한 연습이 아니다.
>
> ※ Yost가 제시한 직업평가를 위한 5가지 연습
> ㉠ 원하는 성과연습
> ㉡ 찬반연습
> ㉢ 대차대조표연습
> ㉣ 확률추정연습
> ㉤ 미래를 내다보는 연습

───── ○ **Answer** ○ ─────
53.③ 54.④

1 미국상담학회(American Counseling Association, ACA)에서 제시한 상담자 윤리강령의 영역과 실천기준이 잘못 짝지어진 것은?

2021 국가직 9급

① 상담 관계 : 내담자 복지
② 비밀 유지 : 내담자 권리 존중
③ 평가·측정·해석 : 사정 사전 동의
④ 전문적 책임 : 도구 선택

> **NOTE** 미국상담학회(ACA) 윤리강령
> ㉠ 상담관계
> ㉡ 비밀유지, 증언 거부 그리고 사생활 보호
> ㉢ 전문적 책임
> ㉣ 다른 전문가들과의 관계
> ㉤ 평가, 사정 그리고 해석 : 사정 사전 동의
> ㉥ 슈퍼비전, 훈련 그리고 교육
> ㉦ 연구 및 출판
> ㉧ 윤리적 문제해결

2 상담자의 윤리적 태도에 대한 설명으로 옳지 않은 것은?

2020 국가직 9급

① 내담자와 성적 관계를 맺지 않아야 한다.
② 자살위험이 있는 내담자와의 비밀보장 원칙은 지키지 않아도 된다.
③ 자기가 속한 기관의 목적 및 방침에 모순되는 행동을 하지 않아야 한다.
④ 내담자가 미성년자인 경우에는 어떠한 경우라도 보호자의 동의를 구해야 한다.

> **NOTE** ④ 내담자가 미성년자인 경우 원칙적으로는 부모의 동의가 있어야 상담이 가능하나, 위기에 처한 미성년자는 부모의 동의가 없어도 상담을 받을 수 있다.

○ **Answer** ○

1.④ 2.④

3 〈보기 1〉의 심리검사 목적과 이를 달성하기에 가장 적합한 〈보기 2〉의 심리검사를 바르게 연결한 것은?

2020 국가직 9급

〈보기 1〉

(가) 자신이 좋아하는 분야를 파악하고, 이에 적합한 직업을 알아보고자 한다.

(나) 삶에서 중요하게 여기는 것의 우선 순위를 알아보고자 한다.

(다) 진로 탐색 및 결정에 대한 태도, 능력, 행동 등을 알아보고자 한다.

(라) 특정 능력을 알아보고 이에 적합한 진로 분야를 알아보고자 한다.

〈보기 2〉

㉠ 직업가치관검사   ㉡ 진로성숙도검사

㉢ 진로사고검사   ㉣ 직업적성검사

㉤ 워크넷 직업선호도검사 ㉥ 진로탐색검사

	(가)	(나)	(다)	(라)
①	㉤	㉠•	㉡	㉣
②	㉤	㉢	㉡	㉣
③	㉥	㉠	㉣	㉢
④	㉥	㉤	㉠	㉢

NOTE
㉤ 워크넷 직업선호도검사 : 직업선호도 검사는 좋아하는 활동, 관심 있는 직업, 선호하는 분야를 탐색하여 직업흥미유형에 적합한 직업들을 제공해준다.

㉠ 직업가치관검사 : 개인의 가치에 적합한 직업영역을 파악하기 위해 개발된 검사이다.

㉡ 진로성숙도검사 : 이 검사는 크리티스(crites, 1978)의 진로발달모델에 기초하고 있다. 크리티스에 따르면, 진로성숙도는 요인의 위계체계를 가지고 있으며, 지능검사의 일반 요인과 유사하게 진로성숙도에도 일반적인 요인이 있고 몇몇의 영역 요인, 수많은 특수 요인이 있다.

㉣ 직업적성검사 : 적성은 '무엇에 대한 개인의 준비상태'를 의미하며, 특수한 영역에서 개인이 얼마나 성공할 수 있는지를 예측하는 검사이다.

Answer

3.①

4 상담윤리의 관점에서 볼 때 어긋나는 것은?

2019 국가직 9급

① 내담자가 가지고 있는 가치를 존중하며 내담자를 차별하지 않는다.
② 자신의 이익을 위해 내담자를 해치거나 희생시키지 않는다.
③ 내담자의 존엄성을 존중하고 내담자의 복지를 증진한다.
④ 내담자가 자살할 위험이 있어도 비밀보장을 위해 관련기관에 이 사실을 알리지 않는다.

> **NOTE** ④ 내담자가 자신이나 타인의 생명 혹은 사회의 안전을 위협하는 경우는 비밀보장의 예외에 해당하므로 관련기관에 사실을 알린다.

5 상담사가 지켜야 할 직업윤리 중 내담자에 대한 비밀보장의 한계나 예외에 해당하지 않는 것은?

2018 국가직 9급

① 법적으로 정보의 공개가 요구되는 경우
② 자신이 상담사로서의 자격을 박탈당한 경우
③ 내담자가 자해하거나 자살할 위험이 있는 경우
④ 내담자가 전염성이 있는 치명적 질병이 있는 경우

> **NOTE** ② 상담사가 자격을 박탈당했다고 하여 내담자에 대한 비밀보장에 예외가 되는 것은 아니다.
>
> ※ 내담자에 대한 비밀보장의 한계
> ㉠ 내담자가 자신이나 타인의 생명 혹은 사회의 안전을 위협하는 경우
> ㉡ 내담자가 감염성이 있는 치명적인 질병이 있다는 확실한 정보를 가졌을 경우
> ㉢ 미성년인 내담자가 학대를 당하고 있는 경우
> ㉣ 내담자가 아동학대를 하는 경우
> ㉤ 법적으로 정보의 공개가 요구되는 경우

── ○ **Answer** ○ ──────────────────────────

4.④ 5.②

6 직업상담사가 지켜야 할 윤리사항으로 옳은 것은?

① 습득된 직업정보를 가지고 다니면서 직업을 찾아준다.
② 습득된 직업정보를 먼저 가까운 사람들에 알려준다.
③ 상담에 대한 이론적 지식보다는 경험적 훈련과 직관을 앞세워 구직활동을 도와준다.
④ 취업알선관련 전산망의 구인 · 구직결과를 즉시 처리한다.

> **NOTE** 상담자는 습득된 직업정보를 필요한 내담자에게 제공해야 한다. 직업을 찾는 것은 내담자 스스로 하도록 해야 하며, 상담사는 취업알선관련 전산망의 구인 · 구직결과를 즉시 처리한다.

7 진로발달단계는 자기정체감을 지속적으로 구별해 내고 발달과제를 처리하는 과정으로 설명하며 시간의 틀 내에서 개념화 한 학자는?

① Super
② Holland
③ Tideman
④ Gottfredson

> **NOTE** 진로발달은 타이드만(Tiedeman)에 의해 시간적 단계 구조로 개념화 되었는데, 이 진로발달 과정은 지속적으로 자기정체감의 분화, 발달과제의 수행, 심리적 위기의 해결로 이어지는 일련의 과정이다.

8 신규 입직자나 직업인을 대상으로 조직문화, 인간관계, 직업예절, 직업의식과 직업관 등에 관한 정보를 제공하고 필요시 직업지도 프로그램에 참여하게 하는 상담은?

① 직업전환상담
② 직업적응상담
③ 구인 · 구직상담
④ 경력개발상담

> **NOTE** ② 직업상담은 구인 · 구직상담, 창업상담, 경력개발상담, 직업적응상담, 직업전환상담, 은퇴후 설계상담 등이 있다. 재직자의 조직문화, 인간관계 등에 관한 훈련과 직업지도 프로그램은 직업적응상담에 필요하다.

─── ○ **Answer** ○───
6.④ 7.③ 8.②

9 직업세계 이해 프로그램에 포함되지 않는 활동은?

① 개인의 일 경험
② 직업세계의 탐색
③ 자격 및 면허 조건
④ 합리적인 직업선택법

> **NOTE** 합리적인 직업선택법은 직업 선택을 위한 의사결정을 하는 데 필요한 것이다.

10 검사 해석 시 주의사항에 해당하지 않는 것은?

① 해석에 대한 내담자의 반응을 고려해야 한다.
② 검사결과에 대해 여러 정보에 근거한 주관적인 견해를 설명해 준다.
③ 검사결과에 대해 내담자가 이해하기 쉬운 언어를 사용한다.
④ 검사결과에 대한 내담자의 방어를 최소화 하도록 한다.

> **NOTE** 검사 해석 시 상담자의 주관적인 견해는 배제해야 한다.

11 진로상담의 주요 원리가 아닌 것은?

① 진로상담은 진학과 직업선택에 초점을 맞추어 전개되어야 한다.
② 진로상담은 상담자와 내담자간의 라포(rapport)가 형성된 관계 속에서 이루어져야 한다.
③ 진로상담은 항상 집단적인 진단과 처치의 자세를 견지한다.
④ 진로상담은 상담윤리 강령에 따라 전개되어야 한다.

> **NOTE** 직업성숙도가 높은 사람들에게는 1~2회의 상담으로 단기에 끝날 수도 있는 개인직업상담이 더 효율적이다. 그리고 집단상담을 실시하는 경우에도 진단과 처치는 개인별로 이루어져야 한다.

○ **Answer** ○

9.④ 10.② 11.③

12 직업상담사의 윤리에 관한 설명으로 옳은 것은?

① 직업상담사는 내담자 개인 및 사회에 임박한 위험이 있다고 판단되더라도 개인정보와 상담내용에 대한 비밀을 유지해야 한다.

② 직업상담사는 자신이 실제로 갖추고 있는 자격 및 경험의 수준을 벗어나는 인상을 주어서는 안 된다.

③ 직업상담은 심층적인 심리상담이 아니므로 비밀 유지 의무가 없다.

④ 직업상담사는 내담자가 상담을 통해 도움을 받지 못하더라도 먼저 종결하려고 해서는 안 된다.

> **NOTE** ① 직업상담사는 내담자 개인 및 사회에 위험이 임박하다고 판단될 때에는 신중하게 고려하여 내담자의 정보를 적정한 전문인 또는 사회당국에 공개해야 한다.
> ③ 비록 사소한 것일지라도 내담자의 신상정보에 대한 비밀을 유지하는 것은 모든 상담가들이 지켜야 할 기본적 윤리에 해당한다.
> ④ 직업상담가는 내담자가 자기로부터 도움을 받지 못하고 있음이 분명한 경우에는 상담을 종결하려고 노력해야 한다.

13 Levenson이 제시한 직업상담사의 반윤리적 행동에 해당하는 것은?

① 상담사의 능력 내에서 내담자의 문제를 다룬다.
② 내담자에게 부당한 광고를 하지 않는다.
③ 적절한 상담비용을 청구한다.
④ 직업상담사에 대한 내담자의 의존성을 최대화한다.

> **NOTE** 직업상담사에 대한 내담자의 의존성을 최소화 한다.

14 어떤 일정한 규칙에 따라 대상이나 사건에 수치를 할당하는 과정은?

① 표준화   ② 평가
③ 측정   ④ 척도

> **NOTE** 측정은 어떤 일정한 규칙에 따라 대상이나 사건에 수치를 할당하는 과정이다.

○ **Answer** ○

12.②   13.④   14.③

15 청소년 직업발달에 영향을 미치는 요인이 아닌 것은?

① 부모의 직업
② 성역할의 사회화
③ 진로교사의 직업선택
④ 실습기간 동안의 근로경험

> **NOTE** 진로교사는 학생에게 심리검사를 실시·해석해 주고 직업정보를 제공해 주는 등의 방법으로 학생이 자신에게 적절한 직업을 선택할 수 있도록 조력한다.

16 Cottle의 원형검사 시 3가지 원을 그리게 되는데 이 때 원의 상대적 배치에 따른 시간관계성에 관한 설명으로 틀린 것은?

① 중복되지 않고 경계선에 접해 있는 원은 시간차원의 연결을 의미하며, 구별된 사건의 선형적 흐름을 뜻한다.
② 어떤 것도 접해 있지 않은 원은 시간차원의 완전성을 의미한다.
③ 부분적으로 중첩된 원들은 시간차원의 연합을 나타낸다.
④ 완전히 중첩된 원들은 시간차원의 통합을 의미한다.

> **NOTE** ② 어떤 것도 접해 있지 않은 원은 시간차원의 고립을 의미한다. 이 시간 관점은 사람들이 자신의 미래를 향상시키는 데 있어 현재 아무 것도 하지 않음을 의미한다.

17 직업상담 초기 접수면접에서 이루어지는 주된 내용은?

① 행동수정
② 리허설
③ 내담자 심리평가
④ 내담자와 상담자 간의 상담관계 형성

> **NOTE** 초기 접수면접에서 내담자와 상담자 간의 상담관계(래포) 형성이 중요하다.

○ Answer ○

15.③ 16.② 17.④

18 구직자 및 실업자에 대한 직업상담의 기본원리에 대한 설명으로 틀린 것은?

① 직업상담은 변화하는 직업세계에 대한 이해를 토대로 이루어져야 한다.
② 직업상담은 인간의 성격특성과 재능에 대한 이해를 토대로 신뢰관계를 형성한 후 진행되어야 한다.
③ 직업상담은 내담자의 현재 발달단계에 초점을 두고 상담이 이루어져야 한다.
④ 가장 핵심적인 요소는 진로 혹은 직업의 결정이므로 개인의 의사결정과정에 대한 상담이 포함되어야 한다.

> **NOTE** 직업상담은 진로발달이론에 근거를 두고 있으므로 내담자의 잠재능력이나 새로운 능력을 개발할 수 있도록 이루어져야 한다.

19 내담자가 수집한 대안목록의 직업들이 실현 불가능할 때의 상담전략으로 틀린 것은?

① 브레인스토밍 과정을 통해 내담자의 대안작업 대다수가 부적절한 것을 명확히 한다.
② 최종 의사결정은 내담자가 해야 함으로 확실히 한다.
③ 내담자가 그 직업들을 시도하여 어려움을 겪을 때 개입한다.
④ 객관적인 증거나 논리에서 추출한 것에 대해서만 대화하여야 한다.

> **NOTE** 내담자가 수집한 대안목록의 직업들이 실현 불가능할 때는 그 직업들을 시도하기 전에 새로운 대안을 찾을 수 있도록 개입해야 한다.

20 직업상담자가 지켜야 할 윤리강령에 해당되지 않는 것은?

① 내담자에 관한 정보를 교육과 연구를 위해 임의로 적극 활용한다.
② 내담자를 보다 효율적으로 도울 수 있는 방법을 꾸준히 연구 개발한다.
③ 내담자와의 협의 하에 상담관계의 형식, 방법, 목적을 설정하고 토의한다.
④ 자신이 종사하는 전문직의 바람직한 이익을 위하여 최선을 다한다.

> **NOTE** 내담자에 관한 정보를 임의로 활용하는 것은 윤리강령에 어긋난다.

○ **Answer** ○
18.③ 19.③ 20.①

21 다음 중 실직자 위기상담의 직접적인 목표로 가장 적합한 것은?

① 긴장감 제거와 적응능력의 회복
② 직업적성에 대한 정확한 이해
③ 변화하는 직업세계에 대한 이해
④ 의사결정능력의 증진

> **NOTE** 실직위기에 있는 내담자에게는 긴장감 제거와 적응능력을 회복시켜주는 것이 가장 필요하다.

22 상담자의 윤리강령으로 맞지 않는 내용은?

① 상담자는 상담활동의 과정에서 소속기관 및 비전문인과 갈등이 있을 때 내담자의 복지를 우선적으로 고려한다.
② 상담자는 타 전문인과 상호합의가 없었지만 내담자가 간절히 원하면 타 전문인으로부터 도움을 받고 있는 내담자라도 카운슬링 한다.
③ 상담자 자신의 개인 문제 및 능력의 한계 때문에 도움을 주지 못하리라고 판단될 경우는 다른 전문가 동료 및 관련기관에 의뢰한다.
④ 상담자는 사회공익과 자기가 종사하는 전문직의 바람직한 이익을 위하여 최선을 다한다.

> **NOTE** 상담자가 타 전문인에게 상담을 받는 중이라면 그 상담이 종결된 이후에 상담을 하도록 한다.

23 상담용 직업카드를 만들 때 카드에 들어가야 할 정보로 적합하지 않은 것은?

① 해당 직업부호와 하위 직업명들
② 해당 직업수행에 필요한 교육수준
③ 해당 직업을 구성하는 작업들(tasks)
④ 해당 직업의 미래 수요와 전망

> **NOTE** 상담용 직업카드에 들어갈 정보 … 직업부호, 직업명, 직업분류, 직업개요, 작업들(tasks), 업무수행능력, 필요한 교육수준 및 관련지식, 홀랜드 유형

○ **Answer** ○

21.① 22.② 23.④

24 희망직업 또는 자신의 흥미, 적성에 대한 이해가 부족한 내담자를 상담하게 되었을 때 상담 및 직업지도 서비스 업무과정을 바르게 나열한 것은?

ㄱ 적합지도 탐색
ㄴ 직업에 관한 상세 정보 제공
ㄷ 직업지도 시스템을 통한 검사결과 처리
ㄹ 직업적성검사 및 흥미검사 실시
---

① ㄹㄷㄱㄴ
② ㄱㄴㄹㄷ
③ ㄹㄱㄴㄷ
④ ㄱㄹㄷㄴ

> **NOTE** 내담자가 흥미, 적성에 이해가 부족할 경우 직업적성검사 및 흥미검사를 실시한 후 검사결과에 따라 적합지도를 탐색하고 직업에 관한 상세정보를 제공한다.

25 다음 중 진로시간전망 검사지의 사용목적과 가장 거리가 먼 것은?

① 목표설정 촉구하기
② 계획기술 연습하기
③ 진로의식 높이기
④ 미래직업에 대한 지식 확장하기

> **NOTE** 검사지의 사용목적
> ㄱ 미래의 방향 설정을 가능하게 함
> ㄴ 미래에 대한 희망을 갖도록 함
> ㄷ 미래의 모습을 느끼게 함
> ㄹ 현재의 행동을 미래의 결과와 연계시킴
> ㅁ 목표설정을 촉구함
> ㅂ 진로계획에 대한 긍정적 태도를 강화함
> ㅅ 진로계획의 기술을 연습시킴

○ **Answer** ○
24.① 25.④

26 진로선택과 관련된 이론으로 인생 초기의 발달과정을 중시하는 이론은?

① 인지적 정보처리이론
② 정신분석이론
③ 사회학습이론
④ 발달이론

> **NOTE** 프로이드의 정신분석이론에 따르면 초기경험(5세 이전)이 아동발달에 지대한 영향을 끼친다고 한다.

27 진로 및 직업선택에 관한 설명으로 가장 적합한 것은?

① 의사결정은 진로상담의 핵심이다.
② 자기 탐색은 의사결정의 이후 단계에 속한다.
③ 의사결정을 한 후에 즉시 직업에 대한 정보량을 확보한다.
④ 각종 검사에 의존하여 자신을 이해하는 데 주력한다.

> **NOTE** 진로 및 직업선택에 있어서 의사결정은 진로상담의 핵심이다.

28 다음 중 직업상담사의 윤리강령에 해당되지 않는 것은?

① 내담자가 개인이나 사회에 임박한 위험이 있더라도 개인정보의 보호를 위하여 누설하지 말아야 한다.
② 내담자에 대한 정보를 교육장면이나 연구에 사용할 경우에는 내담자와 합의 후 사용하되 그 정체가 노출되지 않도록 한다.
③ 직업상담사는 소속 기관과의 갈등이 있을 경우 내담자의 복지에 우선적인 고려를 한다.
④ 상담자는 상담관계의 형식, 방법, 목적을 설정하고 그 결과에 대하여 내담자와 협의 한다.

> **NOTE** 비밀보장의 한계 … 내담자의 생명이나 사회의 안전을 위협하는 위험이 있을 경우에 한하여, 내담자의 동의 없이 내담자의 정보를 관련 전문가나 기관에 알릴 수 있으며 이러한 비밀보장의 한계에 대하여 상담 시작 전에 내담자에게 미리 알려 주어야 한다.

───── **Answer** ─────
26.② 27.① 28.①

29 다음 중 직무만족 및 작업동기에 관한 설명으로 옳은 것은?

① Holland는 직무만족이나 안정성이 직무의 특성과 작업환경 간의 상호작용에 달려 있다고 보았다.

② Maslow는 상위욕구가 좌절되면 이미 충족된 하위욕구에 대한 동기화가 다시 일어난다고 주장했다.

③ Alderfer는 인간의 욕구를 존재욕구, 관계욕구, 성장욕구로 나누었다.

④ Herzberg는 직무만족을 주는 동기요인이 충족되지 않으면 직무불만족이 생긴다.

> **NOTE** ① 홀랜드는 개인의 특성과 직업적 특성을 매칭시키려 하였다.
> ② 매슬로우는 5단계의 욕구단계설을 주장하면서, 하위욕구가 충족되어야만 상위욕구 충족을 위한 동기화가 된다고 하였다.
> ④ 허즈버그의 동기 – 위생이론에서 동기요인은 직무만족을 결정짓는 요인이고, 위생요인은 직무불만족을 결정짓는 요인이라 하였다.

30 다음 중 직업상담자 윤리로 알맞은 것은?

① 내담자 개인 및 사회에 임박한 위험이 있다고 판단되더라도 개인정보와 상담내용에 대한 비밀을 유지해야 한다.

② 자신이 실제로 갖추고 있는 자격 및 경험의 수준을 벗어나는 인상을 주어서는 안 된다.

③ 직업상담은 심층적인 심리상담이 아니므로 비밀유지의무가 있다.

④ 내담자가 상담을 통해 도움을 받지 못하더라도 먼저 종결하려고 해서는 안 된다.

> **NOTE** ① 직업상담자는 내담자 개인 및 사회에 임박한 위험이 있다고 판단될 때 신중히 고려하여 내담자의 정보를 적정한 전문인 혹은 사회에 공개해야 한다.
> ③ 직업상담은 상담자의 기본원리와 기법을 바탕으로 하며 내담자의 정보를 ①과 같은 경우가 아니면 비밀을 유지하여야 한다.
> ④ 상담자는 자기의 능력 및 기법의 한계를 인식하고 내담자에게 도움을 주지 못할 것으로 판단되면 다른 동료 및 관련기관에 의뢰하여야 한다.

○ **Answer** ○
29.③ 30.②

31 미래의 경력개발(Career Development) 방향이 아닌 것은?

① 수평이동   ② 평생직업

③ 다양한 능력개발   ④ 장기고용

> **NOTE** ① 수직이동→수평이동
> ② 평생직장→평생직업
> ③ 한 분야의 전문성→다양한 능력개발
> ④ 장기고용→연봉계약

32 경력개발 직업상담에서 상담자의 주요 역할이 아닌 것은?

① 현실적인 기대를 가지고 면밀하게 평가하고 선택하도록 돕는다.

② 필요한 경우 미리 은퇴를 준비시킨다.

③ 변화하는 조직에서 새로운 기술을 배우고 이질적인 작업환경에 적응하도록 돕는다.

④ 조직의 권력관계에서 생긴 갈등을 해결하도록 돕는다.

> **NOTE** ④ 조직적응 직업상담에 해당한다.

33 직업상담사의 자질 요건 중 하나는 '상담업무를 수행하는 데 가급적 결함이 없는 성격을 갖춘 자' 인데 이에 대한 설명 중 틀린 것은?

① 지나칠 정도의 동정심

② 순수한 이해심을 가진 신중한 태도

③ 건설적인 냉철함

④ 두려움이나 충격에 대한 공감적 이해력

> **NOTE** ① 직업상담사는 통일된 동일시, 건설적 냉철, 정서성에서 분리된 태도 등으로 불리는 지나치지 않는 동정심을 가지고 있어야 한다.

◦ **Answer** ◦

31.④ 32.④ 33.①

172 직업상담학

34 우리나라 직업상담자의 윤리강령에 대한 설명으로 옳지 않은 것은?

① 상담자는 상담에 대한 이론적, 경험적 훈련과 지식을 갖춘 것을 전제로 한다.

② 상담자는 내담자의 성장, 촉진과 문제 해결 및 방안을 위해 시간과 노력상의 최선을 다한다.

③ 상담자는 자신의 능력 및 기법의 한계에도 불구하고 최선을 다하여 내담자를 끝까지 책임지도록 한다.

④ 상담자는 내담자가 이해, 수용할 수 있는 한도 내에서 기법을 활용한다.

> **NOTE** ③ 상담자는 자기의 능력 및 기법의 한계를 인식하고 전문적 기준에 위배되는 활동을 하지 않아야 하며, 만일 자신의 개인문제 및 능력의 한계 때문에 도움을 주지 못할 것으로 판단되면 다른 전문적 동료 및 관련기관에 의뢰하여 내담자가 도움을 받을 수 있도록 하여야 한다.

35 직업지도프로그램의 의미와 관계없는 것은?

① 개인상담방식이다.

② 최근에는 컴퓨터화된 프로그램개발을 시도하고 있다.

③ 운영절차 및 평가방법 등이 구체적으로 정해져 있다.

④ 직업준비, 적응, 전환 및 퇴직 등을 도와주기 위해 특별히 구조화된 조직적인 상담체제이다.

> **NOTE** ① 개인상담방식이 아니라 집단상담 서비스체제이다.

36 내담자가 인지적 명확성이 부족한 경우 직업상담 과정이 올바른 것은?

① 내담자와의 관계 형성 → 진로와 관련된 개인적 사정 → 직업선택 → 정보통합과 선택

② 직업탐색 → 내담자와의 관계 형성 → 정보통합과 선택 → 직업선택

③ 내담자와의 관계 형성 → 인지적 명확성·동기에 대한 사정 → 예·아니오 → 직업상담·개인상담

④ 개인상담·직업상담 → 내담자와의 관계 형성 → 인지적 명확성·동기에 대한 사정 → 예·아니오

> **NOTE** 내담자와의 관계 형성 → 인지적 명확성·동기에 대한 사정 → 예·아니오 → 직업상담·개인상담

○ **Answer** ○
34.③ 35.① 36.③

37 다음 중 실업 후 직업상담프로그램의 유형에 해당되는 것은?

① 실업충격완화프로그램
② 직장스트레스대처프로그램
③ 직업적응프로그램
④ 조기퇴직계획프로그램

> **NOTE** 직업지도프로그램의 종류
> ㉠ 청소년
>   • 자기이해프로그램
>   • 직업정보탐색프로그램
>   • 취업기술지도프로그램
>   • 직업관확립프로그램
> ㉡ 재직자
>   • 인간관계훈련프로그램
>   • 스트레스관리프로그램
>   • 갈등관리프로그램
> ㉢ 직업전환 및 재취업자
>   • 직업전환자를 위한 직업지도프로그램
>   • 여성 직업복귀훈련프로그램(YMCA)
> ㉣ 실직자
>   • 실업충격완화프로그램
>   • 실직자 심리상담 프로그램(YMCA)

38 다음 중 직업의식을 촉진시키고 미래와 직업, 자신에 대한 이해의 폭을 넓히기 위한 과정은?

① 진로지도
② 산업지도
③ 직업훈련프로그램
④ 직업지도프로그램

> **NOTE** 직업지도프로그램 … 직업의식과 직업관 고취, 자기자신에 대한 이해, 직업준비, 직업적응, 직업전환 및 은퇴 등을 도와주기 위해 체계화되고 구조화된 과정과 내용을 갖춘 프로그램이다.

○ **Answer** ○
37.① 38.④

39 다음 중 직업지도프로그램의 운영지침과 관계없는 것은?

① 프로그램의 참가자 집단크기를 적당하게 구성한다.
② 프로그램의 실시장소를 잘 선정한다.
③ 프로그램의 내용을 사전에 고지하여 내담자의 능동적 참여를 유도한다.
④ 프로그램의 진행시간은 길수록 좋다.

> **NOTE** ④ 프로그램의 시간은 너무 길거나 짧지 않게 조정하며, 일반적으로 1회 40 ~ 50분이 적당하다.

40 직업지도프로그램 선택 시 고려해야 할 것으로 옳지 않은 것은?

① 목적에 부합되는지의 여부
② 경제성
③ 주변자원의 활용
④ 다른 프로그램과의 차별성

> **NOTE** 직업지도프로그램을 선택할 때에는 목적, 경제성, 편리성, 효과, 이론적 배경, 주변자원을 활용할 수 있는지 등을 고려한다.

41 다음 청소년을 위한 직업지도프로그램 중 자신의 적성을 직업과 연관시켜 보다 구체적으로 탐색할 수 있도록 한 프로그램은?

① 직업적성계발프로그램
② 스트레스관리프로그램
③ 적성탐색프로그램
④ 진로의사결정프로그램

> **NOTE** ② 재직근로자를 위한 직업지도프로그램이다.
> ③ 청소년들로 하여금 자신의 적성을 자연스럽고 체계적으로 알 수 있도록 계획한 프로그램이다.
> ④ 단순히 특정진로의 선택이라는 측면보다 전체적이고 포괄적인 진로지도의 목표들과 합리적 진로선택의 방법을 훈련시키는 프로그램이다.

○ **Answer** ○

39.④ 40.④ 41.①

42 다음 중 현재의 자신, 미래의 자신, 가치명료화와 의사결정, 태도·기술·동기, 직업적 흥미와 정보 등 4개 부분으로 나누어져 있는 직업지도프로그램은?

① Davis의 진로상담프로그램

② Adkinson의 생애기술프로그램

③ Chapman의 진로탐색프로그램

④ Garfield와 Nelson의 진로탐색프로그램

> **NOTE** Garfield와 Nelson의 진로탐색프로그램은 아직 명확한 진로선택과 결정을 내리지 못한 단계에 있는 중·고등학생, 대학생을 대상으로 자신에 대한 이해, 직업정보·의사결정의 탐색을 증진시키기 위한 것이다.

43 다음 중 지적 능력의 발달에 장애가 있는 청소년을 대상으로 제작된 것은?

① Buck의 진로계획프로그램

② Ziviello의 진로의사결정프로그램

③ Wallace와 Walter의 진로계획프로그램

④ Davis의 진로상담프로그램

> **NOTE** 진로의사결정프로그램은 지적 능력의 발달에 장애가 있는 청소년을 대상으로 하여 자신에게 적합한 진로의사결정을 내리도록 한다.

44 다음 직업지도프로그램 중 재직근로자를 위한 것과 관계없는 것은?

① 갈등관리프로그램

② 직업적성계발프로그램

③ 인간관계훈련프로그램

④ 스트레스관리프로그램

> **NOTE** ② 청소년을 위한 직업지도프로그램이다.

○ **Answer** ○

42.④　43.②　44.②

45 개인적 관점에서 직업적응의 개념으로 적절한 것은?

① 개인이 자기의 직업에 만족하는 것
② 갈등이나 스트레스가 없는 상태
③ 개인과 일과의 조화로운 관계
④ 사용주 혹은 관리자가 피고용인에 대해 만족하는 것

> **NOTE** 직업적응
> ㉠ 개인적 관점 : 개인이 자기직업에 만족하는 것이다.
> ㉡ 사용적 관점 : 사용주 혹은 관리자가 피고용인에 대해 만족하는 것이다.

46 다음 갈등의 종류 중 기대하는 결과나 달성하려는 목적들 간에 상충하거나 공존이 어려운 경우 발생하는 갈등은?

① 목적갈등
② 개인내적 갈등
③ 인지적 갈등
④ 감정갈등

> **NOTE** ③ 상대방과 생각, 의견이 공존하지 못하거나 상충하는 경우 발생하는 갈등이다.
> ④ 감정이나 정서 등이 공존하지 못하거나 상충하는 경우 발생하는 갈등이다.

47 다음 중 갈등의 수준과 유형이 옳게 연결된 것은?

① 개인 간 갈등 - 역할갈등, 오해
② 집단 간 갈등 - 계층갈등, 가치관 차이
③ 집단 간 갈등 - 역할수행, 이해갈등
④ 개인 내 갈등 - 목표갈등, 스트레스

> **NOTE** 갈등
> ㉠ 개인 내 갈등 : 좌절, 목표갈등, 스트레스, 역할갈등
> ㉡ 개인 간 갈등 : 오해, 경쟁, 역할수행, 가치관 차이
> ㉢ 집단 간 갈등 : 계층갈등, 노사갈등, 라인 · 스태프갈등, 정체감갈등

○ **Answer** ○
45.① 46.① 47.④

48 인간중심 직업상담에서 상담자가 지녀야 할 태도로 옳지 않은 것은?

① 이해

② 일치성

③ 합리적 사고

④ 무조건적 수용

> **NOTE** ① 상담자는 내담자의 세계를 공감적으로 이해한다.
> ② 상담자는 기꺼이 그 자신의 감정을 인식하고 수용하며, 그러한 감정을 적절히 표현한다.
> ④ 상담자는 내담자를 무조건적·긍정적으로 존중한다.

49 다음 중 상담자의 최고윤리로 꼽을 수 있는 것은?

① 비밀보장

② 경제적 도움

③ 친분관계

④ 인간적 신뢰

> **NOTE** 상담자는 내담자의 개인정보를 보호해야 한다. 단, 내담자 개인 및 사회에 임박한 위험이 있다고 판단될 때 신중히 고려하여 내담자의 정보를 적정한 전문인이나 사회에 공개할 수 있다. 또한 상담에서 얻은 임상 및 평가자료에 관한 토의는 사례당사자와의 경우 및 전문적 목적에 한하여 사용할 수 있다. 내담자의 정보를 연구나 교육용으로 사용할 경우 내담자와 합의한 후 정체가 노출되지 않도록 한다.

○ **Answer** ○

48.③ 49.①

50 상담의 비밀보장 원칙에 대한 예외사항이 아닌 것은?

① 상담사가 내담자의 정보를 학문적 목적에만 사용하려고 하는 경우
② 미성년 내담자의 학대를 받고 있다는 사실이 보고되는 경우
③ 내담자가 타인의 생명을 위협할 가능성이 있다고 판단되는 경우
④ 내담자가 자기의 생명을 위협할 가능성이 있다고 판단되는 경우

> **NOTE** ① 내담자의 정보를 학문적 목적에만 사용하더라도 내담자의 동의를 구해야 하며 각 개인의 익명
> 성이 보장되도록 자료 변형 및 신상정보의 삭제와 같은 적절한 조치를 취하여 내담자의 신상에
> 피해를 주지 않도록 한다.

51 상담사의 윤리적 태도와 행동으로 옳은 것은?

① 내담자와 상담관계 외에도 사적으로 친밀한 관계를 형성한다.
② 과거 상담사와 성적 관계가 있었던 내담자라도 상담관계를 맺을 수 있다.
③ 내담자와 사생활과 비밀보호를 위해 상담 종결 즉시 상담기록을 폐기한다.
④ 비밀보호의 예외 및 한계에 관한 갈등상황에서는 동료 전문가의 자문을 구한다.

> **NOTE** ④ 상담사는 특별한 경우를 제외하고는, 내담자와 상담실 밖에서 사적인 관계를 유지하지 않도록
> 한다. 상담사는 내담자와 어떠한 종류이든 성적관계는 피해야 하며, 이전에 성적인 관계를 가졌
> 던 사람을 내담자로 받아들이지 않는다. 법, 규제 혹은 제도적 절차에 따라, 상담사는 내담자에
> 게 전문적인 서비스를 제공하기 위해서 반드시 기록을 보존한다. 상담자가 내담자의 비밀보호 예
> 외 및 한계에 관한 갈등 상황이 생길 경우에는 동료 전문가의 자문을 구한다.

◦ **Answer** ◦
50.① 51.④

PART

02

부록
필수 암기노트

| 00 | 자주 출제되는 요점정리 |

자주 출제되는 요점정리

01 직업상담 개념

◆ 상담 의미

① 상담목적(일반적 목적)
- 행동변화 촉진
- 문제해결과 증상의 제거
- 정신건강증진
- 의사결정 능력 배양
- 개인적 효율성 향상

② 상담목표 설정 시 고려해야 할 사항
- 목표는 실현가능
- 내담지가 원하고 바라는 것
- 구체적
- 상담자의 기술과 양립 가능

③ 상담원리
- 개별화
- 자기결정
- 비밀보장
- 수용
- 비판적 태도
- 의도적 감정표현
- 통제된 정서관여 원리

◆ 직업상담 목적

① 직업상담 목표(Gysbers)
- 예언과 발달
- 처치와 자극
- 결함과 유능

② 직업상담 과정
(초기)관계형성·구조화-문제진단·분석-목표설정 → (중기)개입 : 상담·처치·중재 → (종결)평가·종결·추수상담·훈습

◆ 상담재(직업상담사)의 자질과 역할

① 직업상담사의 일반적 자질
- 객관적인 통찰력
- 내담자에 대한 존경심
- 자아 편견에서 벗어나는 능력
- 전문적인 심리학적 지식과 다양한 임상적 경험
- 직업정보 분석능력

② 상담재(직업상담사)의 자질과 역할
- 상담자
- 정보분석가
- (검사도구)해석자
- (직업문제)처치자
- 조언자
- (직업지도 프로그램)개발자
- 지원자
- 협의자
- 관리자

◆ 직업상담의 문제 유형

① Willyamson 변별진단 4가지
- 무선택
- 불확실한 선택
- 현명하지 못한(어리석은) 선택
- 흥미와 적성 간의 불일치(모순)

② Bordin 심리적 원인에 의한 5가지 유형
- 의존성
- 정보부족
- 자아갈등(내적갈등)
- 진로선택 불안
- 문제없음(확신결여)

③ Crites 흥미 · 적성 고려한 3가지 변인에 따른 7가지 유형
- 적응성 : 적응형, 부적응형
- 결정성 : 다재다능형, 우유부단형
- (비)현실성 : 비현실형, 불충족형, 강압형

☒ 집단직업상담

① Butcher의 집단직업상담 3단계
- 탐색단계 : 자기 개방, 흥미와 적성에 대한 탐색(측정), 탐색(측정)결과에 대한 피드백, 내담자의 자아상과 피드백 간의 불일치의 해결단계
- 전환단계 : 불일치 해결이 끝난 집단구성원들은 직업세계와 자기 지식을 연결하는 단계
- 행동단계 : 목표의 설정, 행동계획 개발, 목표달성을 위한 자원 탐색과 정보를 수집 · 공유, 즉각적이고 장기적인 의사결정 행동으로 옮기는 단계

② Tolbert의 집단직업상담 과정 5가지 활동유형
- 탐색
- 상호작용
- 개인적 정보 검토 및 목표 연결
- 직업적, 교육적 정보 획득과 검토
- 의사결정

③ 집단상담의 장점과 단점
- 장점 : 비용과 시간 면에서 경제적, 소속감 및 동료의식 발달, 학습경험이 풍부해지고, 참여자 간에 사회적 교류 경험이 확대
- 단점 : 비밀유지가 어려움, 집단 구성이 어려움, 개인적인 문제가 소홀해짐, 집단의 압력을 받을 수 있음

 직업상담이론

☒ 정신분석적 상담(Freud)

① 인간관
- 성격구조-id
- ego, super ego / 의식구조-의식
- 전의식, 무의식

② 불안 유형 3가지
- 신경증적 불안
- 현실적 불안
- 도덕적 불안

③ 방어기제
- 부정
- 억압
- 합리화
- 투사
- 승화
- 치환(전위)
- 반동형성
- 퇴행

④ 상담과정 4단계
- 관계형성-전이
- 발달-전이
- 훈습-전이
- 해결 단계

⑥ 상담기법
- 통찰
- 자유연상
- 전이
- 저항
- 훈습
- 버텨주기

◆ 개인주의 상담(Adler)

① 인간관
- 인간행동은 사회적 충동에 의해 동기화
- 인간은 목표지향적 자기완성을 추구하는 존재
- 열등감은 창조성의 원천이고 열등감 극복노력으로 우월성 추구

② 생활양식 유형 4가지
- 사회적 관심+활동수준 고려한 구분-지배형
- 획득형
- 회피형
- 사회형

③ 상담목표
- 사회적 관심 갖게 하기
- 열등감 극복
- 잘못된 동기와 삶 목표 바꾸기
- 타인과 동등한 감정 갖기 등

④ 상담(치료)과정
   관계형성-개인역동성 탐색-통합·요약-재교육
   (재정립)

◆ 인간중심 상담(Rogers)

① 인간관(철학적 기본가정)
- 가치를 지닌 독특하고 유일한 존재
- 선하고 믿을 수 있는 존재
- 적극적 성장력을 가진 존재
- 자신의 의사결정을 내리고 선택할 권리를 가진 존재

② 충분히(완전히) 기능하는 인간의 특징
- 경험에의 개방성이 증가하는 과정
- 실존적 삶의 태도가 증가하는 과정
- 자신의 신뢰감 증대해 가는 과정

③ 상담기법(상담자의 기본태도) 3가지
- 무조건적 수용(긍정적 관심)
- 공감적 이해
- 일치성(진실성, 솔직성)
   ※ 인간중심 상담은 1940년대 생성된 이론으로 비지시적 상담, 내담자중심 상담, 민주적 상담이라고 불려짐

◆ 행동주의 상담(Pavlov, Skinner)

① 인간관(상담 기본가정)
- 인간은 환경 자극에 반응하는 유기체
- 인간행동은 유전과 환경의 상호작용으로 형성
- 인간행동은 학습된 것으로 조건변화로 수정 가능하고 선행조건에 의해 결정되며 예측 가능
- 학습과정에 능동적으로 반응하는 존재

② 조작적 조건형성 개념
- 강화
- 정적강화
- 부적강화
- 강화계획(강화스케줄)
- 계속적 강화
- 간헐적 강화
   시간에 따라 고정간격계획, 변동간격계획
   횟수에 따라 고정비율계획, 변동비율계획

③ 상담기법
- 내적 행동촉진기법
- 체계적(단계적) 둔감법-(절차)근육이완훈련, 불안위계목록 작성, 체계적 둔감화
- 홍수요법(집중노출법)
- 인지적 모델링
- 인지적 재구조화
- 스트레스 접종
- 감각적 구상법
- 사고정지
- 정서적 상상
- 외적 행동촉진기법
- 토큰법(상표제도)
- 혐오치료법
- 조형법(행동조성법)
- 자기주장훈련
- 모델링
- 타임아웃제
- 역할연기
- 행동계약
- 바이오피드백
- 자기관리 프로그램

－내현적 가감법

※ 불안감소기법 : 체계적 둔감법, 홍수요법(집중노출법), 자기주장훈련
※ 적응행동 증진기법 : 강화, 변별학습(차별강화), 대리학습

◘ 실존주의 상담(May & Frankl)

① 실존방식(양식세계) 4가지
- 주변세계 : 환경 속
- 공존세계 : 인간관계 속
- 공유세계 : 자기세계 속
- 영적세계 : 믿음 세계 속

② 인간의 궁극적 관심사(중요하게 생각하는 주제) 5가지
- 삶의 의미
- 죽음과 비존재
- 자유와 책임
- 진실성, 불안과 죄의식
  ※ Yalom의 실존적 존재로서 궁극적 관심사 : 죽음, 자유, 무의미성, 고립

③ 상담목표
  치료가 아니라 인간의 순정성 회복

④ 상담기법
- 역설적 의도
- 의미요법
- 현존분석
- 역반응

⑤ 자기인식능력 향상을 위한 상담(치료) 원리
- 비구도성
- 자아중심성
- 만남
- 치료할 수 없는 위기의 원리

◘ 형태주의 상담(게슈탈트 상담) – Perls

① 인간관
  신체적 · 심리적 요소(신체, 정서, 사고, 감각, 지각 등)를 가지고 환경 속에서 하나의 전체로 행동하고 전체로서 완성되려고 하는 경향을 가진 존재

② 주요개념
- 게슈탈트(유기체가 자신의 환경을 하나의 전체로 지각하는 현상)
- 전경과 배경과
- 지금–여기(here & now)
- 미해결 과제
- 회피

③ 상담목표
- 체험확장
- 통합
- 자립과 책임자각
- 성장, 실존적 삶

④ 게슈탈트 상담기법
- 빈의자기법
- 각성하기(자각하기)
- 과장하기
- 머물러있기
- 반대로 하기(반전기법)
- 실험(실연)하기
- 역할놀이
- 꿈작업
- 뜨거운 자리

⑤ 게슈탈트 심리치료에서 환경과 접촉을 방해하는 요소
- 내사
- 투사
- 반전
- 융합
- 편향

◘ 합리적 정서적 치료(REBT, 합리적 · 정서적 상담) – A. Ellis

① 기본가정
- 인간은 인지, 정서, 행동 3가지 심리구조의 상호작용 존재
- 인지는 핵심 요소
- 역기능적 인지, 비합리적 사고(신념)는 정서, 행동의 장애 요인

- RRBT는 비합리적 사고(신념) 분석부터 시작
- 정서적 문제 해결은 비합리적 사고(신념)의 논박에 있음
- 행동에 대한 과거 영향보다 현재에 초점
- 비합리적 사고(신념)은 노력에 의해 변화 가능

② 주요개념
- 비합리적 사고(신념)
 - 당위적 사고
 - 지나친 과장(재앙화)
 - 자기 및 타인 비하
 - 좌절에 대한 인내심 부족
- ABCDE(F) 모델
 - 선행사건(A)
 - 비합리적 신념(B)
 - 결과(C)
 - 논박(D)
 - 효과(E)
 - 새로운 감정(F)

③ 상담목표
- 비합리적 사고(신념)에 대해 수성을 통한 문제나 부적응 해결
- 논박을 통해 합리적 사고(신념)에서 비롯된 새로운 감정 획득

④ 상담기법
- 인지적 기법 : 논박, (인지적)과제 부과, 자기논박, 새로운 진술문 사용
- 정서적 기법 : 합리적 정서적 이미지(상상하기), 역할놀이(연기), 수치심 공격 연습, 무조건적 수용, 시범, 유머 사용
- 행동적 기법 : 체계적 둔감법(근육이완훈련), 도구적 조건화 등

◪ 인지 치료(인지적 상담) – A. Beck

① 개요
- 합리적 정서 치료 방법 중 하나로 우울증의 치료에 효과적인 상담기법

- 사람들이 인지삼제를 통한 잘못된 인지체계(역기능적 인지 도식)로 인하여 부정적인 자동적 사고를 하게 되며, 이러한 인지적 오류를 반박하여 긍정적인 사고로 전환
 ※ 인지삼제 : 자신에 비관적 사고, 미래에 염세적 사고, 세상에 부정적 사고

② 주요개념
- 자동적 사고
- 역기능적 인지 도식(잘못된 인지체계)
- 인지적 오류(왜곡)
 - 흑백논리
 - 과(잉)일반화
 - 선택적 추상화
 - 의미 확대 및 축소
 - 임의적(자의적) 추론
 - 개인화
 - 재앙화

③ 인지적 오류 치료 절차 8단계
- 부정적 감정 확인
- 사고(신념), 태도 확인
- 사고(신념)를 1~2개 요약
- 현실과 이성의 사고(신념)를 스스로 조사
- 과제부여
- 긍정적 대안 사고 찾기
- 사고중지법
- 행동실천

④ 상담(치료)기법
- 문제축약기법
- 빈틈 메우기 기법
- 칸 기법

⑤ 내담자의 심리적 특성 이해(평가)를 위한 BASIC-ID 양식
- B-두드러진 행동(Behavior)
- A-감정적, 정서적 과정. 반응(Affect)
- S-감각(Sensation)
- I-심상(Imagery)
- C-인지(Cognition)
- I-대인관계(Interpersonal)
- D-생물학적 기능(Drugs/Diet)

◘ 현실치료 (현실치료적 상담) – Glasser

① 개요
- 내담자의 문제를 해결하고 현실적 요구에 대처하기 위한 자조적 상담
- 인간은 자기결정적 존재로 자신의 삶을 책임진다는 가정

② 주요개념
- 선택이론 : 통제이론
- 전행동 : 전체행동
- 정체감

③ 행동변화를 위한 상담과정(WDEP)
- 욕구, 바람, 지각 탐색(Want)
- 전(체)행동(Doing) 탐색
- 바람, 행동, 계획의 자기평가(Evaluation)
- 계획하기(Plan)

◘ 교류분석 상담(TA) – (Berne)

① 개요
- 정신분석이론을 바탕으로 만든 인간관계의 교류를 분석하는 이론체계이자 치료요법
- 다른 치료(상담)와 달리 계약적이며 의사 결정적

② 교류분석 접근 및 구조
- 자아구조분석(PAC) : 부모자아(P)–성인자아(A), 아동자아(C) 상태
- 의사교류분석 : 상보적 교류, 교차적 교류, 이면적(암시적) 교류
- 게임분석 : 이면적(암시적) 교류를 구체적인 게임 종류 및 부정적 감정 유형과 관련하여 분석
- 인생각본분석(생활자세분석) : 의존형(자기부정–타인부정), 상호부정형(자기–타인 부정), 자기애형(자기긍정–타인부정), 상호존중형(자기–타인 긍정)

③ 상담과정
계약–자아구조분석–의사교류분석–게임분석–인생각본분석(생활자세분석)–재결정(재결단)

◘ 직업심리학 연계 이론과 상담

① 사회학습이론의 상담
- Krumbolz 사회학습이론
- 진로의사결정에 대한 사회학습이론은 교육·직업적 선호 및 기술이 어떻게 획득되고, 교육 프로그램, 직업이 어떻게 선택되는가를 설명하기 위한 이론
- 진로결정 영향 요인 4가지 : 유전적 요인과 특별한 능력, 환경적 조건과 사건, 학습경험, 과제접근 기술
- Bandura 사회인지이론(관찰학습) : 인간은 사회적인 상황 속에서 내적·인지적 과정과 환경적 영향력 간의 상호작용을 통해서 결정된다는 이론. 행동 학습에 관심, 인간행동의 상호결정론과 행동의 습득에서 관찰학습의 중요성 강조
- 상호결정론의 3가지 요인 : 개인과 신체적 속성, 외형적 행동, 외부 환경
- 주요개념 : 모방(관찰), 인지, 자기효능감(자기효능감에 영향주는 모델–흥미, 선택, 수행 모델)

② 인지적 정보처리이론과 상담(Patterson)
- 개요 : 개인의 진로문제와 의사결정시 정보 이용에 대해서 인지적 정보처리이론을 진로발달에 적용. 진로선택 문제는 문제해결이고, 진로선택은 인지적 과정들의 상호작용
- 진로상담 과정(인지적 정보 처리 과정, CASVE) : 의사소통(Communication) – 분석(Analysis) – 통합(Synthesis) – 평가(Valuing) – 실행(Execution)

③ 욕구이론과 상담(Roe)
- 개요
- 성격이론과 직업분류 영역을 통합한 이론
- 성격이론(Maslow 이론)+직업분류 체계(흥미 8가지×직업곤란도와 책임성 정도 6가지 = 48개 직업) 구조
- 가정환경(부모의 양육)과의 관계와 직업선택 3유형

- 정서집중형(과보호적 분위기, 과요구적 분위기)
- 회피형(무시적 분위기, 거부적 분위기)
- 수용형(무관심 분위기, 애정적 분위기)

03 직업상담 기법

◆ **특성-요인 직업상담(이성적 · 지시적 직업상담)**
– (Parsons, Williamson, Darley, Brayfield)

① 직업상담 기본원리(Parsons)
- 개인은 신뢰, 측정되어지는 고유 특성 지닌 존재
- 직업세계는 특정의 특성을 가진 개인을 필요로 함
- 개인 특성과 직업 요구 간에 연결(매칭)이 잘 될수록 성공 가능성
- 직업선택은 직선적인 과정이고 특성과 연결 가능
- 개인특성 분석은 표준화된 심리검사 도구를 활용
  ※ 특성 및 요인
    ㉠ 특성(trait) : 심리검사를 통해서 측정될 수 있는 개인의 특징-적성, 흥미, 가치, 성격 등
    ㉡ 요인(factor) : 성공적인 직업수행을 위해 요구되는 특징-직업성취도, 책임, 성실 등

② 변별진단 4가지 범주(Williamson)
- 무선택
- 불확실한 선택
- 현명하지 못한(어리석은) 선택
- 흥미와 적성 간의 불일치(모순)

③ 직업상담 과정 6단계(Willianson)
- 분석
- 종합
- 진단
- 예측(예후)
- 상담(개입, 중재, 처치, 치료)
- 추후지도(사후지도, 추수상담)

④ 진로(직업)선택 3단계(직업상담 3요인설)(Parsons)
- 자기이해(1단계) : 면담, 심리검사로 적성, 성취도, 흥미, 가치, 성격 등 내면적 이해
- 직업이해(2단계) : 해당 직업의 내용, 요구되는 자격기준, 학력, 근무조건, 급여, 전망 등 이해
- 자신과 직업의 합리적 연결(매칭)(3단계)

⑤ 직업상담 기법(Williamson)
- 촉진적 관계형성
- 자기이해 신장
- 행동계획 권고나 설계
- 위임
  ※ 직업상담 시 상담사가 지켜야 할 면담 원칙 (Darley) : 강의나 고자세로 말하지 말 것, 간단명료한 언어로 내담자에게 필요한 정보만 제공, 내담자가 상담을 원하는지 확인, 내담자의 문제를 상담자가 지각하는지 확인

⑥ 검사해석 직업상담 기법(Williamson) 3가지
- 직접충고
- 설득
- 설명

⑦ 직업정보 기능(Brayfield) 3가지
- 정보제공
- 재조정
- 동기화 기능

◆ **내담자중심 직업상담(인간중심 · 비지시적 직업상담) – Rogers, Patterson**

① 직업상담 방법(상담자의 기본 태도)
- 무조건적인 긍정적 관심(무조건적 수용)
- 공감적 이해
- 일치성(진실성, 솔직성)

② 직업정보활용의 원리(Patterson) – 내담자에게 직업정보를 제시할 때 유의점
- 내담자가 필요로 할 때 제공
- 상담자는 내담자가 그 정보를 받을 준비가 될 때까지 기다림
- 직업정보가 내담자에게 영향을 주기 위해 사용되어서는 안 됨

- 내담자가 출판물이나 고용주와 관계되는 사람과의 직접적인 접촉을 통해 직업정보를 얻도록 격려
  ※ 내담자중심·비지시적 상담과 이성적·지시적 상담 특징 비교

내담자중심 상담 (비지시적)	특성-요인 상담 (이성적·지시적)
내담자 중심	상담자 중심
문제의 정서적 이해에 중점	문제의 객관적 이해에 중점 / 사례연구 중시
진단 배제	진단 중시
내담자-상담자 공감이 기본	상담자가 내담자에게 정보 제공. 학습기술 알려줌

◪ 정신역동적(정신역학적) 직업상담 – Bordin

① 개요
- 진로선택과 의사결정에 심리학적 요인을 중시, 정신분석 이론을 뿌리에 두고 특성-요인 이론과 인간중심 진로상담 이론의 기법을 통합한 이론
- 내담자의 내적인 동기유발과 외부에 대처하는 방어기제에 초점

② 심리적 원인에 의한 5가지 진로문제 유형(Bordin)
- 의존성
- 정보부족
- 자아갈등
- 진로선택 불안
- 문제없음(확신결여)

③ 직업상담 과정 3단계(Bordin)
- 탐색과 계약체결
- 비판적(중대한 핵심) 결정
- 변화를 위한 노력

④ 직업상담 기법(상담자의 반응 범주) 3가지(Bordin)
- 명료화
- 소망 – 방어체계의 해석
- 비교

◪ 행동과학적(행동주의) 직업상담

① 개요
- 직업상담 목표는 내담자의 진로행동 변화
- 의사결정을 내리지 못하는 문제의 원인을 불안에 있다고 진단
- 직업상담을 통해 불안을 제거, 감소시켜서 올바른 의사결정을 할 수 있도록 함
  ※ 의사결정을 내리지 못하는 원인 : 우유부단(자신과 직업세계에 대한 정보의 결핍으로 선택을 못하거나 실체적이지 못한 선택을 함) / 무결단성(직업선택 결정과 연관되는 오래 지속된 불안에서 일어나, 내담자가 직업선택에 대해서 무력감으로 인해 발생된 불안 때문에 직업결정을 못하게 되는 것)

② 직업상담 기법
- 체계적 둔감법(근육이환훈련-불안위계목록 작성-체계적 둔감화)
- 적응행동증진기법(학습촉진기법)-강화, 변별학습(차별강화), 대리학습(사회적 모방)
- 반조건 형성

◪ 발달적 직업상담(Ginzberg, Super, Gottfredson)

① Ginzberg 진로발달이론 단계
- 환상기(6~11세)
- 잠정기(11~17세) : 흥미단계, 능력단계, 가치단계, 전환단계 등 하위 4단계로 세분됨
- 현실기(17세~성인초기) : 탐색단계, 구체화단계, 특수화(정교화)단계 등 하위 3단계로 세분됨

② Super 진로발달(평생발달)이론
- 진단이라는 용어 대신 평가 용어 사용
- 진로평가 : 개인평가, 문제평가, 예언평가
- 진로발달 단계
- 성장기(출생~14세)
- 탐색기(15~24세)
- 확립기(25~44세)
- 유지기(45~64세)
- 쇠퇴기(65세 이후)
- 직업상담 과정 6단계
- 문제 탐색 및 자아개념 묘사(비지시적 방법)
- 심층적 탐색(지시적 방법)

- 자아수용 및 자아통찰(비지시적 방법)
- 현실 검증(지시적 방법)
- 태도와 감정의 탐색과 처리(비지시적 방법)
- 의사결정(비지시적 방법)
- 진로상담기법 : 진로자서전, 의사결정일기

③ Gottfredson의 직업포부발달 4단계
- 힘과 크기 지향성(3~5세)
- 성역할 지향성(6~8세)
- 사회적 가치 지향성(9~13세)
- 내적 고유한 자아(내적가치) 지향성(14세 이후)

◈ 포괄적 직업상담 - Crites

① 개요
- Crites는 5가지 직업상담 이론(특성-요인, 내담자중심, 행동주의, 발달적, 정신역동적)에 상담 기본 이론을 절충·보완하여 일관성 있는 체제로 통합(포괄)함
- 포괄적 직업상담의 목표는 변별적(특성 - 요인 이론)이고, 역동적(정신분석이론)인 진단과 명확하고 과학적(논리적)인 해석, 문제해결을 위한 조작적(도구적) 학습을 통해 내담자를 독립적이고 현명한 의사결정자로 만드는 것

② 흥미·적성을 고려한 3가지 변인(적응성, 결정성, 비현실성)에 따른 7가지 직업문제 유형
- 적응성 : 적응형, 부적응형
- 결정성 : 다재다능형, 우유부단형
- 비현실성 : 비현실형, 불충족형, 강압형

③ 직업상담 과정 3단계
- 진단 단계 - 검사의 유형(변별적 진단, 역동적 진단, 결정적 진단)
- 명료화(구체화) 또는 해석 단계
- 문제해결 단계

④ 상담기법
- 초기 단계(진단) : 인간중심(내담자중심) 접근법, 발달적 접근법이 주로 활용
- 중간 단계(명료화, 해석) : 정신역동적 접근법 활용(중재와 병치 전략 사용)

- 마지막 단계(문제해결) : 특성 - 요인 접근법과 행동주의적 접근법 활용

(04) 직업상담의 실제

◈ 초기면담

① 초기면담 유형
- 솔선수범 면담
- 정보지향적(정보중심적) 면담-탐색해 보기(6하 원칙 의거 질문), 폐쇄형 질문(예, 아니오의 단답형으로 구조화된 질문), 개방형 질문(비구조화된 질문)
- 관계지향적(관계중심적) 면담-반영, 재진술

② 초기면담 주요 요소
- 감정이입
- 상담자 노출(자기노출, 자기개방)
- 언어석·비언어적 행동-언어적 행동(재진술, 명료화, 종합적 느낌), 비언어적 행동(미소, 눈맞춤, 몸짓)
- 즉시성(상담자-내담자 간 기류가 이상할 때 그 즉시 상황과 관련된 질문으로 기류를 사라지게 하는 것)-즉시성이 유용한 경우(방향성 없는 관계일 때, 긴장감이 감돌 때, 신뢰성에 의문이 제기될 때, 상담자와 내담자 간 상당한 거리감이 있거나 친화력이 있을 때, 내담자 의존성이 있거나 역의존성(상담자 의존성)이 있을 때
- 유머
- 직면
- 구조화
- 계약
- 리허설

◈ 직업상담 과정
관계형성(rapport)-목표설정-개입(중재, 처치, 상담)-평가

◆ 직업상담 목표설정

① 목표설정의 의의
- 상담의 방향을 제시
- 내담자와 상담자 간의 협조적 과정임
- 내담자가 명확하고 구체적인 목표를 설정하도록 돕기 위한 것임
- 상담전략의 선택 및 개입의 기초와 상담결과의 평가 기초를 제공

② 내담자가 가져야 할 목표 특성
- 목표는 구체적이어야 함
- 목표는 실현 가능해야 함
- 목표는 내담자가 바라고 원하는 것이어야 함
- 내담자의 목표는 상담자의 기술과 양립 가능해야 함

◆ 직업상담(면담) 기초기법(기본 기술)
- 공감 : 상담자가 내담자의 눈으로 바라보고 내담자의 입장에 서는 것
- 수용 : 상담자가 내담자의 이야기에 주목하고 있음을 보이는 태도
- (적극적)경청 : 상담자가 내담자의 말을 집중하여 주의깊게 듣는 것
- 직면(맞닥뜨림) : 상담자가 내담자의 행동 속에서 불일치를 경험하고 그것을 표현하는 것. 직면의 사용−말과 행동이 다를 때, 과거에 한 말과 지금 하는 말이 다를 때, 상담자와 내담자가 인식하는 내용이 서로 다를 때, 일반적인 상식이나 윤리, 규율에 어긋날 때 등
- 반영 : 상담자는 내담자가 표현한 기본적인 태도나 감정을 새로운 말로 요점을 다시 확인시켜주는 것
- 환언(바꾸어 말하기, 재진술) : 상담자가 내담자의 이야기를 듣고 나서 상담자 자신의 표현양식으로 바꾸어 말해주는 것
- 명료화 : 상담자가 내담자의 말 속에 포함되어 있는 혼란과 갈등, 불분명한 측면을 분명하게 밝히는 것
- 구조화 : 상담자가 상담의 본질, 제한조건, 방향에 대해 정의하고 제시해 주는 것(내담자의

행동제한, 상담자 역할, 내담자 역할, 상담 시간·장소·비용, 상담과정 및 목표설정, 상담의 비밀보장 등)
- 탐색적 질문 : 상담자가 내담자를 이해하는 데 필요한 정보를 얻거나 내담자의 사고, 느낌, 행동을 구체적으로 확인하고 내담자가 말하는 내용을 분명히 하기 위한 질문(개방형 질문이 원칙)
  - ※ 효과적인 질문 : 질문은 개방적이어야 하고, 직접적인 질문보다는 간접적인 질문을 하고, 가능한한 이중질문과 '왜'라는 질문은 피함
- 해석 : 상담자가 내담자로 하여금 자신의 문제를 새로운 각도에서 이해하도록 내담자의 경험, 행동의 의미를 설명하는 것 *해석의 주의사항 : 성급한 해석은 금물, 내담자가 이해가 능한 수준에서 설명
- 요약과 재진술 : 요약은 상담자가 매회 상담이 끝날 때 내담자의 생각과 감정을 정리하는 것이고, 재진술은 내담자가 표명하는 요점을 상담자가 제대로 알아들었음을 증명해 주는 반응
- 평가적 반응 : 상담자가 내담자의 언어적·비언어적 행동을 관찰하여 내담자의 전반적인 상황을 조사해서 상담에 이용하는 것
- 자기노출(자기개방) : 자신의 생각이나 감정, 경험을 들추어내는 것

◆ 진로시간전망 검사(Cottle 원형검사)

① Cottle 원형검사
- 3가지 원의 의미 : 원은 과거, 현재, 미래
- 원의 크기 : 시간차원에 대한 상대적 친밀감
- 원의 배치 : 시간차원들의 연관성

② 과거, 현재, 미래의 심리적 경험에 반응하는 3가지 국면
- 방향성 : 미래에 대한 낙관적 입장을 구성하여 미래지향성 증진
- 변별성 : 미래를 현실처럼 느끼게 하고 목표를 신속하게 결정하도록 함
- 통합성 : 현재의 행동과 미래의 결과를 연결시키고, 진로에 대한 인식 증진
  - ※ 원의 상대적 배치는 4가지 시간차원의 관계성−고립형, 연결형, 연합형, 통합형

❏ 생애진로사정(LCA)−구조화된 면접기법

① 개요

- Gysbers가 제시한 구조화된 면접기법
- 상담자가 내담자와 처음 대면에서 사용되는 수치화와 계량화되지 않는 질적 평가 도구(절차)
- Adler의 개인주의 심리학 이론에 기초

  ※ 내담자를 이해하기 위한 질적 평가 도구 종류 : LCA(생애진로사정), Genogram(직업가계도−가족들의 직업 계보 도표), OCS(직업카드분류법), 역할연기 등

② 생애진로주제

사람들이 표현한 생각, 가치, 태도, 그들 자신의 신념(나)과 타인에 관한 신념이나 진술(타인), 세상에 대한 신념이나 진술(세상) 등. 생애진로주제 분석은 직업상담 초기에 도입되는데 생애역할(작업자 역할, 학습자 역할, 개인역할)이 고려됨

- 작업자 역할 : Prediger가 저술한 '일의 세계 안내'에서 자료−관념−사람−사물을 가지고 Holland의 직업적 분류체계인 여섯 가지 흥미유형의 특징을 혼합해 내담자의 직업을 분류하는 모형

  ※ Holland의 직업적 성격 및 작업환경 모형(6각형 모형, RIASEC) : 현실형(Realistic), 탐구형(Investigate), 예술형(Artistic), 사회형(Social), 진취형(Enterprising), 관습형(Conventional)

- 학습자 역할 : Kolb의 학습형태검사(LSI, Learning Style Inventory)에서의 학습자 유형−집중적 사고형, 확산적 사고형, 동화적 사고형, 적응적 사고형
- 개인역할 : Adler에 의하면 개인은 일, 사회, 성(性) 등 3개의 주요 인생과제에 반응

③ 생애진로사정(Life Career Assessment, LCA) 구조

- 진로사정 : 내담자의 일 경험과 교육훈련 경험(교육, 훈련과정, 관심사 등), 여가활동 사정
- 전형적인 하루 : 내담자 자신의 생활을 어떻게 조직하는지를 시간의 흐름에 따른 단계적 방식으로 기술. 의존적−독립적, 자발적(임의적)−체계적인지 검토
- 강점과 장애 : 내담자 자신의 강점과 장애(약점) 3가지씩 기술
- 요약 : 상담자는 내담자의 주도적인 생애주제, 강점과 장애를 반복 검토해, 내담자의 생애주제를 바탕으로 상담자는 가능한 직업선택 제시

  ※ 생애진로사정에서 얻을 수 있는 정보 : 내담자의 교육과정(교육 수준)과 직업 경험(경력), 내담자의 기술과 능력, 내담자의 자기인식(신념, 가치관, 태도), 내담자의 교외 활동

❏ 내담자 사정−동기사정, 역할사정, 가치사정, 흥미사정, 성격사정

① 동기사정 방법(자기보고식 사정법)

- 인지적 명확성 결여 사정하기
- 동기 사정 자료 사용하기

  ※ 낮은 수준의 동기에 대처하는 방법−진로선택에 대한 중요성 증가시키기, 진로선택을 할 수 있는 자기효능감 증가시키기, 진로 기대 결과에 대한 확신 증가시키기

② 역할사정 방법(자기보고식 사정법)

- 역할 내 일치성 사정 : 작업자 만족도, 수행만족도
- 역할 간 사정 : 질문을 통해 사정하기(생애역할을 나열하기→각 역할마다 소요되는 시간의 양 추정하기→내담자의 가치를 이용해 역할의 순위 정하기→각 역할 간에 상충적, 상호보완적 관계 찾기), 생애−계획연습으로 전환시키기(생애역할 목록 작성하기→미래의 삶 상상하기→내담자의 가치를 기준으로 생애단계에서 각 역할의 중요성을 원으로 그리기). 동그라미로 역할 관계 그리기

③ 가치사정 방법(자기보고식 사정법)

- 체크목록의 가치에 순위 매기기
- 과거의 선택 회상하기
- 자유시간과 금전의 사용
- 절정경험 조사하기
- 존경하는 사람 기술하기, 백일몽 말하기

④ 흥미사정 방법(Super)

- 표현된 흥미(어떤 활동이나 직업에 대해 좋고 싫음을 말로 표현하게 하는 방법)

- 조작된 흥미(어떤 활동에 대해 질문, 관찰하는 방법)
- 조사된 흥미(활동에 대해 좋고 싫음을 묻는 표준화된 검사. 가장 많이 사용하는 흥미 사정 기법)

※ 흥미사정에 이용되는 도구 : 직업카드분류법(OCS), Holland 흥미유형 검사, Strong 직업 흥미 검사

⑤ 성격사정 방법

- MBTI(Myers-Briggs Type Indicator)-Jung의 분석심리학적 성격유형이론을 근거로 Myers와 Briggs가 개발한 인간이해를 위한 표준화된 도구
- Holland 유형

※ 선호성을 나타내는 4가지 지표에 따른 내담자 분류
㉠ 주의집중과 에너지 방향 : 외향성-내향성
㉡ 정보수집(지각) 기능 : 감각형-직관형
㉢ 의사결정(판단) 기능 : 사고형-감정형
㉣ 외부세계에 대한 태도 : 판단형-지각형

내담자의 인지적 명확성 사정

① 인지적 명확성 사정 범위(원인)

- 정보부족
- 고정관념
- 경미한 정신건강
- 심각한 정신건강
- 외적 요인

② 인지적 명확성이 부족한 내담자를 위한 상담과정

- 내담자와 관계형성
- 내담자의 인지적 명확성 사정과 동기사정
- 상담실시

-인지적 명확성이 있는 내담자는 직업상담 실시
-인지적 명확성이 부족한 내담자는 개인상담 후 직업상담 실시
-심각한 정신건강문제가 있는 내담자는 심리치료 후 직업상담 실시

③ 인지적 명확성이 부족한 내담자의 유형에 따른 상담(개입) 방법

- 단순한 오정보→정보 제공
- 복잡한 오정보→논리적 분석
- 구체성의 결여→구체화시킴
- 가정된 불가능(불가피성)→논리적 분석과 격려
- 원인과 결과 착오→논리적 분석
- 파행적 의사소통→저항에 초점
- 강박적 사고→RET 기법(합리적 · 정서적 상담치료기법) 사용
- 양면적 사고→역설적 사고
- 걸러내기→사고의 재구조화, 역설적 기법
- 순교자형→논리적 분석
- 비난→직면, 논리적 분석
- 잘못된 의사결정방식→불안을 대처하기 위해 심호흡
- 자기인식의 부족→은유나 비유 사용(재구조화)
- 낮은 자긍심→비합리적인 신념에 대해 논박, 역설적 기법과 상상하도록 하기
- 무력감→지시적 상상
- 고정관념(고정성)→정보주기와 가정에 도전하기
- 미래시간에 대한 미계획→정보주기, 실업극복하기
- 실업충격→실업충격 완화 프로그램 제공

내담자의 정보 및 행동 이해 상담기법

- 내담자의 행동을 이해하기 위한 상담기법 (Gysbers & Moore)
  - 가정 사용하기
  - 의미 있는 질문 및 지시 사용하기
  - 전이된 오류 정정하기
  - 분류 및 재구성하기
  - 저항감의 재인식과 저항감 다루기 : 변형된 오류 수정하기, 내담자와 친숙해지기, 은유 사용하기, 대결하기
  - 근거 없는 믿음 확인하기
  - 왜곡된 사고 확인하기
  - 반성의 장 마련하기

※ Welfel의 7단계)
㉠ 1단계 : 내담자의 독단적인 사고를 밝힘
㉡ 2단계 : 현실의 대안적 개념에 대해 어느 정도 알기
㉢ 3단계 : 지식의 확실성을 의심
㉣ 4단계 : 모든 주변의 지식 불확실성을 깨달음
㉤ 5단계 : 논쟁으로 숙고 · 평가하고 특정 내용에 대한 탐구의 규칙으로 내용을 증명함
㉥ 6단계 : 자신의 가치판단체계를 벗어나서 일반화된 지식을 비교 · 대조함
㉦ 7단계 : 전반적인 반성적 판단이 이루어짐

  - 변명에 초점 맞추기

◆ 직업 대안개발과 직업선택 의사결정

① 직업평가를 위한 5가지 연습(Yost)
- 원하는 성과연습
- 찬반연습
- 대차대조표연습
- 확률추정연습
- 미래를 내다보는 연습

② Harren의 진로의사결정 유형
- 합리적 유형
- 직관적 유형
- 의존적 유형

③ 6개 색깔의 생각하는 모자기법(De Bono 의사결정 촉진기법)
- 백색(흰색) 모자 : 중립적, 객관적, 사실적 사고
- 적색(빨강) 모자 : 직관적, 감정적 사고
- 황색(노랑) 모자 : 논리적, 긍정적 사고
- 흑색(검정) 모자 : 부정적, 비판적 사고
- 녹색(초록) 모자 : 창의적, 대안적 사고
- 청색(파랑) 모자 : 침착성, 냉정적 사고

 05 직업지도프로그램 및 상담사의 윤리

◆ 직업지도 프로그램

① 직업지도

직업지도란 개인이 자기 자신과 직업세계를 이해하고 의사결정능력을 함양하여, 직업에 대한 구체적 준비를 통해 직업생활에서 발생하는 다양한 문제를 해결하고 만족스러운 직업생활을 영위할 수 있도록 도와주는 것

② 직업지도 프로그램

직업지도 프로그램이란 직업의식과 직업관 고취, 자기자신에 대한 이해, 직업준비, 직업적응, 직업전환 및 은퇴 등을 도와주기 위해 체계화되고 구조화된 과정과 내용을 갖춘 프로그램

③ 직업지도 프로그램 종류
- 청소년을 위한 직업지도 프로그램 : 자기이해 프로그램, 직업정보탐색 프로그램, 취업기술지도 프로그램, 직업관확립 프로그램
- 재직근로자를 위한 직업지도 프로그램 : 인간관계훈련 프로그램, 스트레스관리 프로그램, 갈등관리 프로그램
- 직업전환 및 재취업자를 위한 직업지도 프로그램 : 직업전환자를 위한 직업지도 프로그램, 여성 직업복귀훈련 프로그램
- 실직자를 위한 직업지도 프로그램 : 실업충격 완화 프로그램, 실직자 심리상담 프로그램

◆ 직업상담사 윤리

① 직업상담사의 윤리강령(한국카운슬러협회)
- 사회관계
  - 상담자는 사회 윤리 및 자기가 속한 지역 사회의 도덕적 기준을 존중하며, 사회 공익과 자기가 종사하는 전문직의 바람직한 이익을 위하여 최선을 다함
  - 상담자는 자기가 실제로 갖추고 있는 자격 및 경험의 수준을 벗어나는 인상을 타인에게 주어서는 안되며, 타인이 실제와 다른 인식을 가지고 있을 경우 이를 시정해 줄 책임이 있음
- 전문적 태도
  - 상담자는 상담에 대한 이론적, 경험적 훈련과 지식을 갖추는 것을 전제로 하며, 내담자를 보다 효과적으로 도울 수 있는 방법에 관하여 꾸준히 연구 노력하는 것을 의무로 삼음
  - 상담자는 자기의 능력 및 기법의 한계를 인식하고, 전문적 기준에 위배되는 활동을 하지 않음. 만일, 자신의 개인 문제 및 능력의 한계 때문에 도움을 주지 못하리라고 판단될 경우에는, 다른 전문직 동료 및 기관에게 의뢰함
- 개인 정보의 보호
  - 상담자는 내담자 개인 및 사회에 임박한 위험이 있다고 판단될 때 극히 조심스러운 고려 후에만, 내담자의 사회생활 정보를 적정한 전문인 혹은 사회 당국에 공개함

−내담자에 관한 정보를 교육장면이나 연구용으로 사용할 경우에는, 내담자와 합의 한 후 그의 정체가 전혀 노출되지 않도록 해야 함
• 내담자의 복지 : 상담자는 내담자가 자기로부터 도움을 받지 못하고 있음이 분명할 경우에는 상담을 종결하려고 노력함
• 상담 관계
−상담자는 자신의 주관적 판단에만 의존하지 않고, 내담자와의 협의 하에 상담관계의 형식, 방법 및 목적을 설정하고 결과를 토의함
−상담자는 내담자가 이해 수용할 수 있는 한도에서 상담 기법을 활용함
• 타 전문직과의 관계 : 상담자는 상호 합의한 경우를 제외하고는 타 전문인으로부터 도움을 받고 있는 내담자에게 상담을 하지 않음

② 비밀보호의 예외(한계)

내담자의 동의 없이도 내담자에 대한 정보를 관련 전문인이나 사회에 알릴 수 있음

• 내담자가 자신이나 타인의 생명을 위협하거나, 사회 안전을 위협할 때
• 내담자가 감염성이 있는 치명적인 질병이 있다는 확실한 정보를 가졌을 때
• 아동학대나 성인학대, 성폭력이나 가정폭력에 대한 암시가 있을 때
• 법적으로 정보의 공개가 요구될 때
• 상담자가 보다 나은 상담을 위해 수퍼비전을 받을 때

③ Levenson의 직업상담사의 반윤리적 행동

• 비밀누설
• 자신의 전문적 능력 과장
• 자신이 갖지 않은 전문성 허위 주장
• 내담자에게 자신의 가치 속이기
• 내담자에게 의존성 심기
• 내담자와의 성적행위
• 이해갈등
• 불명확한 의심스러운 계약
• 부당한 광고
• 과중한 상담비용 청구

당신의 꿈은 뭔가요?

MY BUCKET LIST !

꿈은 목표를 향해 가는 길에 필요한 휴식과 같아요.

여기에 당신의 소중한 위시리스트를 적어보세요. 하나하나 적다보면 어느새 기분도

좋아지고 다시 달리는 힘을 얻게 될 거예요.

☐ _____   ☐ _____
☐ _____   ☐ _____
☐ _____   ☐ _____
☐ _____   ☐ _____
☐ _____   ☐ _____
☐ _____   ☐ _____
☐ _____   ☐ _____
☐ _____   ☐ _____
☐ _____   ☐ _____
☐ _____   ☐ _____
☐ _____   ☐ _____
☐ _____   ☐ _____
☐ _____   ☐ _____
☐ _____   ☐ _____
☐ _____   ☐ _____
☐ _____   ☐ _____
☐ _____   ☐ _____
☐ _____   ☐ _____
☐ _____   ☐ _____
☐ _____   ☐ _____
☐ _____   ☐ _____
☐ _____   ☐ _____
☐ _____   ☐ _____

창의적인 사람이 되기 위해서

정보가 넘치는 요즘, 모두들 창의적인 사람을 찾죠.
정보의 더미에서 평범한 것을 비범하게 만드는 마법의 손이 필요합니다.
어떻게 해야 마법의 손과 같은 '창의성'을 가질 수 있을까요. 여러분께만 알려 드릴게요!

01. 생각나는 모든 것을 적어 보세요.

아이디어는 단번에 솟아나는 것이 아니죠. 원하는 것이나, 새로 알게 된 레시피나, 뭐든 좋아요.
떠오르는 생각을 모두 적어 보세요.

02. '잘하고 싶어!'가 아니라 '잘하고 있다!'라고 생각하세요.

누구나 자신을 다그치곤 합니다. 잘해야 해. 잘하고 싶어.
그럴 때는 고개를 세 번 젓고 나서 외치세요. '나, 잘하고 있다!'

03. 새로운 것을 시도해 보세요.

신선한 아이디어는 새로운 곳에서 떠오르죠. 처음 가는 장소, 다양한 장르에 음악, 나와 다른 분야의 사람.
익숙하지 않은 신선한 것들을 찾아서 탐험해 보세요.

04. 남들에게 보여 주세요.

독특한 아이디어라도 혼자 가지고 있다면 키워 내기 어렵죠.
최대한 많은 사람들과 함께 정보를 나누며 아이디어를 발전시키세요.

05. 잠시만 쉬세요.

생각을 계속 하다보면 한쪽으로 치우치기 쉬워요. 25분 생각했다면 5분은 쉬어 주세요.
휴식도 창의성을 키워 주는 중요한 요소랍니다.